Das Buch

Dirk von Lowtzow, Sänger und Songwriter der Band Tocotronic, einer der einflussreichsten deutschen Rockbands der letzten 25 Jahre, durchmisst in einer poetischen, schrägen und humorvollen Enzyklopädie sein Leben, die Kunst, die ihn beschäftigt, die Welt, die ihn umgibt.

Dirk von Lowtzow erzählt von Kindheit und Jugend in der Schwarzwaldhölle, von Aufruhr und Angst, vom Tod des engsten Kindheitsfreundes, vom sehnsüchtigen Umherschweifen und der Sozialisation durch Popmusik, Comics, Filme. Wir erfahren, wohin es ihn treibt, wenn die Musik verstummt, die Festival-Wiese bereits feucht vom Tau und kein Tourbus mehr in Sicht ist. In literarischen Miniaturen durchquert er den Raum, die Erinnerung, die Zeit. Er liest Fährten und legt Spuren, lässt den Alltag surreal werden und das Verrückte alltäglich. Aus scheinbar zufällig angeordneten alphabetischen Einträgen entsteht ein so feinsinniges wie anspielungsreiches Mosaik, das zugleich literarische Erzählung und Porträt des Autors zu sein vermag.

Der Autor

Dirk von Lowtzow, 1971 in Offenburg geboren, ist Sänger und Texter der Band Tocotronic, die er 1993 mit Arne Zank und Jan Müller gründete. Er schreibt Kritiken für »Texte zur Kunst«, komponiert Film- und Theatermusiken und brachte gemeinsam mit René Pollesch eine Oper heraus.

Dirk von Lowtzow

Aus dem Dachs Bau

KIEPENHEUER & WITSCH

Für Jutta

»The little fox he murmured,
›O what of the world's bane?‹
The sun was laughing sweetly,
The moon plucked at my rein;
But the little red fox murmured,
›O do not pluck at his rein,
He is riding to the townland
That is the world's bane.‹«

W. B. Yeats, »The Happy Townland«

Unsere Nachbarn hielten sich ein Huhn, das sie Ilse nannten. Eines frühen Morgens, es war noch dunstig, stach ich, vor Wut und Rachsucht wie von Sinnen, auf den Fußball der Nachbarskinder ein, der vor mir im feuchten Gras lag. Sie hatten am Vorabend Besuch bekommen, im Garten gekickt, mich aber nicht mitspielen lassen. Ich war am Morgen in die Küche geschlichen und hatte mich mit einem scharfen Messer bewaffnet. Danach war ich im Schlafanzug über den morschen Zaun hinter dem Essigbaum in das gegnerische Feld gehüpft.

Ilse schlief zu diesem Zeitpunkt noch auf ihrer Stange oder legte bereits ein Ei. Gleich würden sie nebenan erwachen, zum Hühnerstall laufen und das erbärmlich erschlaffte Le-der auf dem Rasen bemerken. So malte ich es mir aus, als ich zitternd wieder im Bett lag. In einer halben Stunde würde mein Vater ins Zimmer kommen, um mich zu wecken. Nebenan würde die Nachbarstochter aufstehen und dabei ABBA hören.

Sie hörte immer ABBA.

Die Harmoniegesänge und Discobeats versprachen mir, Einsamkeit und Isolation abstreifen zu können, aufgehoben zu sein in Musik und buntem Licht und mich im Tanz als glücklich zu erleben.

ABBA. From A to B and back again.

1996 stirbt Alexander mit sechsundzwanzig Jahren an einem Gehirntumor. Wir waren fast zwanzig Jahre befreundet.

Ich lerne ihn zunächst nur widerwillig kennen, er ist der jüngere Sohn von Freunden meiner Eltern. Meine Mutter muss mich zu ihm schleppen, ich habe Angst vor neuen Bekanntschaften, bin voller Ablehnung. Doch als ich ihn sehe, bin ich sofort verliebt. Er ist wie ich, er ist mein Spiegel, aber er hat ein heiteres, aufgeschlossenes Gemüt. Es gibt kaum einen Menschen, den er nicht in Sekunden bezaubert.

Alexander scheint völlig eins mit seiner Umgebung zu sein, wie ein Fisch im Wasser. Ich fürchte mich vor dem Mobiliar im Haus seiner Eltern. An den Wänden hängen Zeichnungen von Menschen, die sich in Vögel verwandeln, aus ihren Hälsen wachsen Klauen, und ihre Arme gehen in Gefieder über.

Alexander nimmt mich an der Hand und führt mich in sein Zimmer. STAR WARS ist noch nicht in Deutschland erschienen, aber Alexander besitzt bereits ein Lichtschwert, eine beleuchtete Plastikröhre mit Knauf. Es stellt sich heraus, dass er genau wie ich gerne Comics zeichnet. Die nächsten Jahre werden wir damit verbringen, Geschichten unserer selbst ausgedachten Comicfiguren »Flippi und Flappi« aufzuzeichnen. Die beiden sind Dinosaurier, sie reden in einer Art Babysprache, haben aber Superkräfte.

Wir legen uns Handtücher oder Decken als Umhänge um und klettern auf den Essigbaum im Garten meiner Eltern.

Wir sehen uns alte Monsterfilme im Fernsehen an, wenn wir beieinander übernachten dürfen: »Tarantula«, »Formicula«, »Panik in New York«, »King Kong«.

Unsere Eltern stecken uns in den Tennisclub und in den Töpferkurs, doch wir haben nur uns, unsere Freundschaft und die Dinosaurier im Kopf.

Später, als Teenager, entdecken wir Punk. Ich ziehe in den Keller im Reihenhaus meiner Eltern, spiele jeden Tag Gitarre und komponiere Songs. Wir gründen eine Band, gemeinsam mit Hendrik Hallersleben, dem Sohn des Schuhmachermeisters Franz Hallersleben. Auch er wohnt im Keller, hat dort jedoch viel mehr Platz, sodass wir bei ihm proben. Die Band heißt »Die Kranken«. Alexander ist unser Sänger, denn er ist hübsch und charismatisch und kann kein Instrument spielen. Er grölt die Lieder, die ich mir ausdenke, selbstbewusst ins verbeulte Mikrofon.

»Fischkopfmädchen«.

»Husten, Halsweh, Heiserkeit«.

Wir sind Fans der Goldenen Zitronen. Alexander und ich klingeln an ihrer Tür in der Buttstraße am Fischmarkt, als wir Hamburg per Interrail besuchen. Natürlich öffnet uns niemand.

An einem Sommertag macht Alexander mit Hendrik einen Ausflug in den Europapark Rust, wo sie herumrandalieren, Dosenbier trinken und das Geld aus dem nachgemachten Trevi-Brunnen im italienischen Viertel stehlen. Ich bin krank an diesem Tag. Ich bin oft krank in dieser Zeit, meistens habe ich Mandelentzündung, die Lymphknoten unter meinem Kiefer schwellen an wie zwei Tischtennisbälle.

Mit unserer zweiten Band, BIG LEGGY, benannt nach dem Haysi-Fantayzee-Hit »John Wayne is Big Leggy«, spielen wir ein Lied, das von Lymphknoten handelt. Mittlerweile singen wir auf Englisch, die Musik hat sich verändert, wir orientieren uns an Bands wie Dinosaur Jr. »Lymphe« ist ein kleiner Hit im Ortenaukreis. Wir treten im Jugendkeller der Anne-Frank-Schule auf, dem sogenannten »Kessel«, dessen Mitarbeiter wir sind. Alle Punks in Offenburg sind Mitarbeiter des »Kessel«. Alexander spielt jetzt Schlagzeug, er spielt nicht gut, aber dafür zumeist mit nacktem Oberkörper. Er hat schwarz gefärbte schulterlange Haare, manchmal trägt er ein Stirnband. Er ist ziemlich schön, und er weiß es auch. Ich bin zu diesem Zeitpunkt schon von Musik getrieben. Musikkritiken werden mir zur ästhetischen Theorie, in meinem Keller führe ich imaginierte Interviews mit mir selbst.

1993 ziehe ich nach Hamburg, Alexander zieht nach Mainz. Ich lerne zufällig Jan Müller und Arne Zank kennen, und wir gründen Tocotronic. Ich habe das Gefühl, Alexander in der Diaspora zurückgelassen zu haben, und vermisse ihn.

Auf unserer ersten richtigen Tour kommt er als Manager und Fahrer mit, er unterhält uns mit seinem komödiantischen Talent, er scheint sich in seiner neuen Rolle pudelwohl zu fühlen. Ich bin in dieser Zeit oft verunsichert und von den Ereignissen überwältigt. Alles, was mit der Band geschieht, nehme ich viel zu ernst. Im Gegensatz zu Alexander kann ich nicht gut über mich lachen. Um mich zu entspannen, trinke ich nach jedem Aufritt, oft bis zur Besinnungslosigkeit, nur um am nächsten Reisetag noch zerrütteter in unseren Sprinter zu steigen. Das Ende der Tournee führt uns nach Süddeutschland, danach besuchen wir beide in Offenburg unsere Eltern.

Alexander hat seit ein paar Tagen starke Kopfschmerzen, ich denke mir nichts dabei, auch ich habe Kopfschmerzen. Ich höre eine Woche lang nichts von ihm, es ist seltsam, denn wir sind fast Nachbarn, seitdem meine Eltern umgezogen sind. Zehn Tage später bin ich zurück in Hamburg. Beunruhigt laufe ich in meinem winzigen WG-Zimmer umher. Das weiße Telefon, das in einer Ecke auf dem Boden steht, klingelt. Meine Mutter sagt, man habe in Alexanders Kopf ein bösartiges Geschwür gefunden.

Kurz nach seinem Geburtstag im Februar stirbt Alexander. Bei seinem Begräbnis spiele ich »Gott sei Dank haben wir beide uns gehabt«.

Als kleiner Junge dachte ich lange Zeit, meine Welt werde von Aliens beherrscht. Sie lauerten hinter den verschlossenen Türen unbekannter Klassenzimmer. Sie knüpften Netze, verschleimten die Korridore und brüteten im Heizungskeller der Schule. Bald war ich eingesponnen.

Wie alle Opfer von Alien-Misshandlungen leide ich unter verfälschten und unterdrückten Erinnerungen, aber wenn ich mich konzentriere, glaube ich, einen Grundriss des Gebäudekomplexes skizzieren zu können, in dem die Schwellen zur Welt meiner Peiniger verzeichnet sind. Ich bin fest davon überzeugt, dass bereits der verglaste Übergang vom Neu- in den Altbau unter der Kontrolle der fremden Mächte stand. Der Biologiesaal war jedoch ihre eigentliche Herrschaftszone. Hier führten sie jene blasphemischen Experimente durch, über die auf den Gängen nur hinter vorgehaltener Hand gesprochen wurde. Die Gerüchte breiteten sich bald auch auf dem Pausenhof und in den Schulbussen und von dort bis in die eingemeindeten Dörfer des Umlandes aus.

Ein Zugang zum Alien-Reich führte über eine hell erleuchtete Treppe hinunter in die Sporthalle. Ich hatte am eigenen Leib erfahren, wie sich Mitschüler freiwillig mit den Marsianern, die als Körperfresser in die Haut der Sportlehrer geschlüpft waren, verbündeten, um Unsportliche zu quälen. Gegen Ende des Schuljahres veranstalteten die extraterrestrischen Faschisten regelmäßig sogenannte »Bundesjugendspiele«, grausame Wettkämpfe, bei denen wir für die militärischen Einsätze der Aliens getestet und ungeeignete Kandidaten aussortiert wurden. Für eine der begehrten Siegerurkunden reichte meine Leistung nicht. Es lag am Weitwurf. Ich schleuderte den Ball ein paar klägliche Meter weit, dann plumpste er noch vor der ersten Zählmarke zu Boden. So könne die erforderliche Punktzahl nicht erreicht werden, stellte der Sportlehrer mit scheinheiligem Bedauern fest und machte sich mit einem Kugelschreiber hastige Notizen in eine winzige Tabelle.

Weinend stand ich alleine am Rand der Aschebahn. Der Abend kündigte sich an. Dann holten sie mich ab.

Ich las damals am liebsten Science-Fiction- und Horrorstorys und mochte besonders Filme, Comics und Bücher, in denen sich die beiden Elemente überlappten und Gegensätze kollidierten. Mich faszinierte das saubere, silbrig glänzende Hightech-Design der Raumschiffe und Ufos genauso wie die amorphen, amöbenhaften oder insektoiden Körper der Aliens, die darin lebten und reisten. Ich staunte über HR Gigers Design für Ridley Scotts Film »Alien«, über den ich einen Artikel im Zeitschriftenstapel meiner Eltern entdeckte. Die Körper der Außerirdischen schienen mit ihren Raumschiffen zu verschmelzen und eine widernatürliche Einheit zu bilden, die jenseits meiner Vorstellungskraft lag. Gigers Weltraum war ein tiefer Abgrund zwischen den Sternen, und seine Airbrush-Orgien wirkten auf mich wie Fotografien aus der Hölle. Noch weiter ging John Carpenter, dessen Film »The Thing« 1982 ins Kino kam. Natürlich durfte ich den Film nicht anschauen, aber ich studierte unruhig auf meinem Fahrradsattel hin und her rutschend die Fotos im Schaukasten des Kinos, nachdem ich in der Nachmittagsvorstellung »Cap und Capper« gesehen hatte. Auf den Fotos waren die Höhepunkte der Handlung abgebildet, die offensichtlich um eine Reihe von Spezialeffekten gebaut war. Der Anblick machte mir deutlich, dass sich von nun an alles verwandeln würde und nichts bleiben konnte, wie es war.

Ich bemerkte die Veränderungen, die in mir und meinem Körper vorgingen, ich wurde mir selbst fremd. Die Kreatur in Carpenters Film konnte jede beliebige Form annehmen, um sich zu tarnen und der Umgebung anzupassen. Zumeist befand sie sich aber in einem bizarren Zwischenstadium. Ein Hybrid aus Mensch, Tier und Pflanze. Das »Ding« wurde ständig in flagranti bei seinen Transformationen erwischt. Es beschwor damit eine grauenvolle Urszene herauf, die ich unter keinen Umständen hätte sehen dürfen, aber dennoch heimlich erspäht hatte: Organe in der Ekstase der Vermischung. Die Bilder suchten mich heim. Meine Eltern vereinbarten einen Termin bei einem Psychologen an der Freiburger Uniklinik, der mir Rorschach-Bilder vorlegte. Ich ahnte schnell, worauf der Doktor hinauswollte, erkannte jedoch in allen Klecksen bloß Furcht einflößende Alienschädel mit gebleckten Zähnen und emporgereckten Klauen. Ich war allein mit meinen Erkenntnissen, die noch die alltäglichste Umgebung in unheimliches Licht tauchten.

Waren die Spielplätze zwischen den Wohnsilos mit den angerosteten Klettergerüsten nicht in Wahrheit Landeplätze für Ufos? Verbargen sich in den mit Unkraut überwucherten Röhren unter dem Bahndamm außerirdische Sporen?

Waren die Graffiti auf den Brückenpfeilern unter der Schnellstraße nicht vielleicht Geheiminformationen für die Alien-Armee?

Ich musste mehr darüber erfahren.

Ich musste von nun an lernen, meine Feinde genau zu bestimmen.

Die Apokalypse endet meist im Gemüsegarten.

Ich sitze auf dem Balkon und rauche. Es ist Winter in Berlin, deshalb trage ich über meinem Pyjama einen Anorak mit Kapuze. Ich habe den Bären, der seit einiger Zeit bei mir wohnt, früh zu Bett gebracht und ihm noch etwas aus den »Brüdern Karamasow« vorgelesen, woraufhin er gleich tief eingeschlafen ist. Er ist ein Faulpelz, aber er liebt russische Literatur. Bisweilen verlangt er sogar, dass ich ihn Aljoscha nenne.

Ich kann nicht einschlafen, denn ich habe vor einer Stunde noch einen halben Liter Cola Zero getrunken. Ich habe Herzklopfen und bin gespannt wie eine Sprungfeder. Im nächsten Moment stürze ich kopfüber vom Balkon. Doch bevor ich auf dem Kopfsteinpflaster aufschlage, trägt mich ein Wind davon, über die Dächer meiner Straße, am Park entlang, über den Schuttberg Richtung Strausberger Platz, die Karl-Marx-Allee hinunter.

Als Kind habe ich mir in hysterisch langweiligen Schulstunden oft vorgestellt, aus dem Fenster davonzufliegen, während ich Dachse und Dinosaurier aufs Löschpapier zeichnete. Und jetzt fliege ich über den verschneiten Tiergarten Richtung Siegessäule. Es ist nicht zu glauben. Sonntagabend, kaum Verkehr auf den Straßen. Alles ist entschuldigt, alles ist erlaubt.

Es gibt nur einen Albtraum aus der Kindheit, an den ich mich erinnere. Ich befand mich in einem windschiefen Haus mit steilen Treppen, das mit allen erdenklichen Antiquitäten vollgestopft war, die tiefschwarze Schatten warfen. Noch heute graust es mir vor alten Möbeln und Antikmärkten, den Insignien eines saturierten Bürgertums. Adler und Löwen, Wappen und Schatullen, Klauen und Zähne. Selbstzufriedenes Mobiliar, das von der Zugehörigkeit zum Kreis der Eingeweihten kündet. Empire. In meinem Traum stellte ich winselnd fest, dass allen Bewohnern des Hauses, Frauen, Männern und Kindern, die Köpfe abgeschlagen worden waren. Hinter den blutigen Stümpfen ihrer Hälse, die obszön zwischen den Schultern emporragten, waren Schäfte aus Plastik angebracht. Auf diesen thronten, starr lächelnd, die Köpfe von Barbiepuppen.

*

Mattel ist nach Lego der zweitgrößte Spielzeughersteller der Welt. Als Firmenlogo benutzt er noch heute einen vielzackigen roten Stern. Vor allem in den Monaten November und Dezember sah ich ihn in der Fernsehwerbung des Vorabendprogramms aufblinken, begleitet von einer Stimme, die verschwörerisch »von Mattel« flüsterte. Eine Zeit lang bekam ich zu Weihnachten von einem alten Schulfreund meines Großvaters muskelbepackte Actionfiguren desselben Spielzeugunternehmens geschenkt. Ich freute mich unbändig,

zumal die Gaben auf keinem meiner zahlreichen Wunsch-
zettel je aufgetaucht waren. Gleichzeitig wunderte ich mich,
warum Herr Machs, den ich kaum kannte, mir ein so großes
Glück zuteilwerden ließ. Vor langer Zeit war er über Frankreich nach Südafrika ausgewandert, erzählte man mir.

*

1983 wurde der sogenannte »Schlächter von Lyon«, Klaus
Barbie, von Bolivien nach Frankreich ausgeliefert, nachdem
Helmut Kohl, der ein Jahr zuvor Kanzler geworden war und
dessen massige Gestalt mich an einen Riesen aus einem Märchen denken ließ, eine Auslieferung nach Deutschland ab-
gelehnt hatte, um, wie es damals hieß und auch heute noch
nachzulesen ist, eine erneute Schulddebatte von Kriegsver-
brechern im Land nicht aufkommen zu lassen.
Ich hörte den Namen zum ersten Mal in der Tagesschau, als
ich mich hinter der Sofalehne versteckte, um noch nicht ins
Bett geschickt zu werden.

Anfang der Neunzigerjahre bin ich in Wien. Nach dem Zivildienst in der Altenpflege studiere ich Kunstgeschichte und Germanistik, aber ich gehe fast nie in die Uni, ich finde mich dort nicht gut zurecht. Eigentlich will ich Musiker werden, aber die Auftrittsmöglichkeiten für Alexanders und meine Band sind begrenzt. Wir spielen meist nur im »Kessel« oder bei Benefizkonzerten für den kurdischen Befreiungskampf im Autonomen Jugendzentrum Waldkirch.

Susanne studiert seit einiger Zeit in Wien, ich bin ihr nachgefolgt. Gleich am ersten Abend gehen wir ins Burgtheater, »Ritter, Dene, Voss« von Thomas Bernhard. Ich bin erschüttert von Gert Voss, der sich Gebäck in den Mund stopft und dabei ausruft: »Brandteigkrapfen, die ich liebe.« Sein Gesicht verzieht sich, Schweiß steht ihm auf der Stirn. Ich verstehe nicht viel vom Theater, Filme sind mir lieber, Rockkonzerte sowieso. Aber Gert Voss' Grimassen und sein exaltiertes Spiel begeistern mich so sehr, dass ich noch am selben Abend den Entschluss fasse, mich an der Schauspielschule zu bewerben.

Die Aufnahmeprüfung findet praktischerweise in Graz statt. Für das Vorsprechen muss man einen klassischen, einen modernen und einen komödiantischen Monolog vorbereiten. Ich wähle den Ferdinand aus Schillers »Kabale und Liebe«, da ich ähnlich wie er mit erhabenen Idealen erfüllt bin. Als Komödie entscheide ich mich für »Scherz, Satire, Ironie und tiefere Bedeutung« von Christian Dietrich Grabbe, einem Dramatiker des Vormärz, der nur Germanistikstudenten bekannt und deshalb ohnehin schon ein Highlight ist, so denke ich damals, außerdem passt die Rolle des nihilistischen Teufels zu einem punkigen Typ wie mir. Mein Glanzstück aber soll die Masturbationsszene aus Frank Wedekinds »Frühlings Erwachen« werden, eine Wahl, die ich für außerordentlich originell halte. Außerdem habe ich ja in den letzten Jahren und während des Zivildienstes viel Zeit zum Üben gehabt.

Ich fahre mit dem Zug nach Graz, der Zug hat Verspätung, aber ich schaffe es noch rechtzeitig zum Vorsprechen. Vor der Schauspielschule lungern schon allerhand angehende Schauspielschüler und Schauspielschülerinnen herum, ein paar von ihnen jonglieren und sind in bunten Kostümen oder Pluderhosen erschienen, was mich gelinde gesagt befremdet. Ich trage meine schwarze Lederjacke und ein Ringel-T-Shirt, darüber eine Perlenholzkette.

Vor Aufregung schwitze ich, als ich an der Reihe für die erste Runde bin, vielleicht auch wegen der Lederjacke, es ist Spätsommer. Ich knöpfe meine Jeans auf und beginne mit der Masturbationsszene. »Die Sache will's.« Dabei greife ich mir zwischen die Beine und verzerre das Gesicht wie unter Schmerzen. Ich denke an Gert Voss. Noch bevor ich am Ende und Höhepunkt der Szene angelangt bin, höre ich die Prüfer, zwei Männer und eine Frau, sagen: »Danke, das genügt uns.«

Als die Namen für die zweite Runde aufgerufen werden, ist meiner nicht dabei. Halb enttäuscht, halb erleichtert, stelle ich mich an die Autobahnauffahrt, um zurück nach Wien zu trampen. Nach einer Stunde fahre ich mit der Straßenbahn zum Bahnhof und kaufe mir eine Fahrkarte.

Fünfundzwanzig Jahre später sitze ich mit dem österreichischen Autor und Regisseur David Schalko in der Kantine der Berliner Volksbühne. Er fühlt sich in dem völlig verqualmten Raum sichtlich wohl. Noch ganz im Bann des zuvor gesehenen Stückes und durch den Alkohol sentimental geworden, sprechen wir über unser beider frühen Wunsch, Schauspieler zu werden. David lehnt sich zurück, lächelt, drückt seine Zigarette im Aschenbecher aus, sieht mich eindringlich an und deklamiert plötzlich mit bebender Stimme: »Brandteigkrapfen, die ich liebe.«

Ich liebe Coca-Cola. Bei meinen Eltern gab es keine, vielleicht bin ich deshalb so versessen auf das Getränk. Manchmal durfte ich mir im Restaurant, im »Bären« oder in der »Sonne«, eine große Spezi bestellen. Leider schubste ich das Halbliterglas meist schon nach zwei Schlucken vor Aufregung um, und sein Inhalt ergoss sich über die Tischdecke.

Bei den Eltern meiner Babysitterin gab es Pepsi in Einliterflaschen. Corinnas Vater war in der Fremdenlegion, einmal jährlich lud er seine Fremdenlegionärskumpel zu einem Couscous-Essen in den Schrebergarten ein. Ich war fasziniert vom Anblick der tätowierten Männer aus dem nahe gelegenen Frankreich, die bedächtig den Hartweizengries kneteten.

Beau travail.

Ich durfte derweil den bitteren Schaum der aus kleinen Fässern gezapften Biere abtrinken, doch Cola war mir lieber.

Am allerliebsten mag ich Cola Zero, denn ich bin süßstoffsüchtig. Leider wird in bestimmten Gegenden Berlins nur noch »fritz-kola« gereicht, ein abscheuliches Gebräu mit vulgärem, deutschtümelndem Namen. Selbst in Iran kann man Coca-Cola bekommen, oder zumindest Pepsi. Vermutlich auch in Nordkorea, aber ganz bestimmt nicht in Prenzlauer Berg, im Graefekiez oder in Neukölln.

Eines der größten Kunstwerke des frühen 21. Jahrhunderts trägt den Titel »Cola und Pepsi zusammenschütten«.

Claus Richter hat es 2002 geschaffen, und als ich es bei Freunden in Berlin an der Wand hängen sah, war ich spontan begeistert. Es zeigt die junge Künstlerin Sabine Reitmaier, die den Inhalt je einer Dose Cola und Pepsi gleichzeitig in ein Glas kippt und dabei lächelt, als wäre sie im Besitz der Weltformel. Die Embleme auf den Dosen leuchten in übernatürlich kräftigen Farben, die braune Flüssigkeit ergießt sich elegant in das Glas, schöner Schaum bildet sich. Das Glas wirft einen langen Schlagschatten. Ein alchemistischer Vorgang.

So bin ich.
Halb-Halb.
Nix Halbes und nix Ganzes.
Ein Zwitter, der Coke-Pepsi zwitschert.
Eine Zwischenstufe.

In die Auslaufrille unserer ersten, selbst verlegten Tocotronic-Single ritzten wir 1994 selbstbewusst folgende Wörter:
A: »Cola«
B: »Statt Kaffee«.
Inzwischen trinke ich – wie ich zugeben muss – auch gerne Kaffee, aber mit viel Süßstoff.

Seit einiger Zeit versuche ich mir ins Gedächtnis zu rufen, wie ich Cosima kennengelernt habe. Das ist nicht einfach, da mir dabei die Chronologie der Ereignisse sowie die Ereignisse selbst verschwimmen. Wenn ich nicht irre, habe ich sie das erste Mal bei der Hochzeitsfeier einer gemeinsamen Freundin gesehen, die in einer Schrebergartenkolonie nahe Hamburg stattfand.

Cosima kommt aus Köln angereist mit ihrer Entourage, einem Künstler sowie dem Musiker Justus Köhncke, den ich kenne, weil seine Band Whirlpool Productions mit Tocotronic das Label teilt. Die drei torkeln bereits, als sie zu später Stunde in das Schrebergartenvereinsheim einfallen. Ich beobachte das schräge Trio aus der Ferne. Vor allem Cosima fällt mir auf, sie trägt trotz stockfinsterer Nacht eine Sonnenbrille und spricht mit lauter, rauchiger Stimme. Ob wir an diesem Abend ein Wort miteinander gewechselt haben, weiß ich nicht mehr. Vielleicht habe ich sie nur von Weitem mit verliebtem Silberblick angestarrt, während sie sich eine Zigarette nach der anderen ansteckte. Vielleicht habe ich aber auch versucht, mich plump zu nähern und betrunkene Komplimente auszusprechen.

Einige Zeit später beginne ich, regelmäßig für die Zeitschrift »Texte zur Kunst« zu schreiben. Einer meiner ersten Aufträge ist die Rezension einer Ausstellung von Cosima in Braunschweig. Obwohl der Text teilweise unbeholfen und jargonhaft ist, gefällt er Cosima, speziell eine Formulierung über meinen Hass auf Fahrräder. Ich verabscheue das Fortbewegungsmittel, da ich es meine ganze Schulzeit hindurch bei jedem Wetter benutzen musste. Wie oft mein Vater mich mit einem platten Reifen oder mit herausgesprungener Kette in der Nähe einer Betonunterführung aufgesammelt hat, kann ich nicht zählen. Später, bei meinen Studienversuchen in Freiburg, wurde ich Opfer der zweiradversessenen Biomacht, dem sanften, aber perfiden Gesetz einer uncoolen Bewegung.

Cosima wurde mir zur Freundin, zur Lehrmeisterin, zur Mentorin und zur unmoralischen Ratgeberin. Es gibt wohl kaum einen Menschen, der in den letzten zwanzig Jahren einen größeren Einfluss auf mich hatte. Entgegen der Behauptung in meiner Ausstellungskritik ist ihr Regiment jedoch keineswegs offenherzig und antiautoritär. Im Gegenteil. Sie hat eine fast asoziale Freude am Ausschluss anderer mittels scheinbar unwiderlegbarer Urteile. Sie herrscht tyrannisch, ist launisch und unberechenbar. Gleichzeitig bemüht sie sich aber um Freundlichkeit und Umgangsformen. Sie watet knietief in Schuldgefühlen über ihr lautes Auftreten und ihren Erfolg. Cosima betont stets, wie sehr sie »Belästigung« verabscheue, und diese Abscheu trägt masochistische Züge. Aber sie ist großzügig und liebenswürdig, sie hat Stil und Grandezza.

Ihr Selbstbewusstsein und ihre Aura färben auf mich ab, wenn ich in ihrer Nähe bin. Ich denke dann, komme was wolle, mir kann nichts passieren. Cosima wird mich beschützen und meine Feinde notfalls verschlägern. Danach wird sie ihre Sonnenbrille zurechtbiegen, den Mantel glatt streichen und sich eine Zigarette anstecken, während ich ihre Platzwunden verarzte.

2009, als wir uns bereits zehn Jahre kennen, schreibe ich für sie den Song »Das Blut an meinen Händen«, der später auf dem Album »Schall und Wahn« erscheint.

DAS BLUT AN MEINEN HÄNDEN

Das Blut an meinen Händen ist von dir
Ich habe es nicht selbst vergossen
Ich war zu feige
Zu verdrossen
Ich brauchte dich dafür

Das Blut in den Gedanken ist von dir
Ich habe dich mir angeeignet
Einverleibt
Und ausgebeutet
Alles, was ich weiß, weiß ich von dir

Der Mut in den Gedanken ist von dir
Du bist hier der
Dichter und
Ich bin dein Vernichter
Ich danke dir dafür

Du schönster Neid
Du schönste Gier

Schönste Feigheit
Bleibt bei mir

Das Blut an meinen Händen ist von dir
Ich habe es nicht selbst vergossen
Ich war zu feige
Zu verdrossen
Ich brauchte dich dafür

Der Gipfel dieser Entwicklung ist erreicht, als Cosima – von Tocotronic zeitweilig zur Tourmanagerin befördert – uns vor dem Auftritt bei »Rock am Ring« in der eiskalten Eifel mit vor Ort erstandenem Champagner derart abfüllt, dass es uns unmöglich ist, ordnungsgemäß »abzuliefern«, wie man in Musikerkreisen sagt. Meine Hände zittern, und ich vergesse die Abläufe der Lieder. Der Auftritt gerät zum Desaster. Ich bin am Boden zerstört, aber Cosima ist sichtlich zufrieden. »Es war so schön, euch da oben zu sehen, die Angst stand euch ins Gesicht geschrieben.«

Zu Cosimas fünfundfünfzigstem Geburtstag absolviere ich einen kleinen Auftritt in der Kölner Bar »Schampanja«. Ich stehe auf einer improvisierten Bühne in der Ecke des winzigen Lokals. Wenn einer der Konzertbesucher zum gegenüberliegenden Tresen schlendert, wackelt der Mikrofonständer, und das verbeulte Ende des Mikrofons schlägt mir gegen die Zähne. Ich bin aufgeregt, schnell kippe ich ein paar Kölsch hinunter. Mitten im Publikum steht Cosima. Der Raum ist dunkel, ich halte meine Augen die meiste Zeit geschlossen, weil ich mich konzentrieren muss. Aber ich spüre ihre Anwesenheit.

Seit meine Haare grau geworden sind, fühle ich mich wie
ein Dachs. Als Jugendlicher habe ich in langweiligen Schulstunden Comics gezeichnet. In die Schulhefte, in die Schul-
bücher, auf leere Zettel und Löschpapierbögen. Ich habe
mir Figuren ausgedacht und dazugehörige Produkte, Hefte,
Aufkleber, Merchandiseartikel. Eine dieser Figuren war ein
melancholischer Dachs mit Namen Daniel.
Daniel Dachs. DD, das passt immer.
In meinen Comicstrips lief er murmelnd und sinnierend
durch Herbstlandschaften. Ein paar abgestorbene Bäume,
Laub, fahle Herbstsonne, Vögel und Strommasten bildeten
den sparsamen Hintergrund. Die Landschaft meiner Kindheit. Bis zur Bewegungslosigkeit verlangsamt. Der Abgrund
tiefer Langeweile. Winterstarre.

DARK STAR

(für Sergej Jensen)

DARK STAR, du bist ganz nah
Nur ein Sprung bis zur Auflösung
DARK STAR, du scheinst mir wahr
Ich liege wach in jeder Nacht
Dunkler Stern, du bist nicht fern
Du bist geboren aus deinem Zorn
DARK STAR, wherever you are
Schau mir ins Gesicht
Ich schließ meine Augen nicht

Leg dein Herz ganz still an mich an
Du bist nicht bitter
Du bist verdammt

Ich bin sechsundzwanzig und von Hamburg unterwegs zu meinen Eltern. Fünf Jahre sind vergangen, seitdem ich von zu Hause ausgezogen bin. Zum ersten Mal werde ich Alexander an Weihnachten nicht treffen.

Sobald der Zug in den Bahnhof meiner Heimatstadt einfährt, wird die jahrelang erprobte Ablösung umsonst gewesen sein. Andererseits liebe ich die Weihnachtszeit und die damit verbundene Verheißung eines möglichen Glücks. Kurz fühle ich mich wie ein Kind, das in seinem Zimmer auf die Bescherung wartet. Meine Gedanken verspinnen sich. Die beleuchteten Tannenbäume in den Vorgärten sausen am Zugfenster vorbei wie unnahbare Sternbilder.

Ich muss eingenickt sein. Durch das Geruckel des Zuges werde ich schlagartig wach und sehe meine zerzausten Haare im Spiegel über der Sitzbank. Ich habe einen unangenehmen Geschmack im Mund, in meinen Schläfen pocht es.

Ich rappele mich auf, öffne die Glastür und laufe in Richtung Bistro, peinlich darum bemüht, nicht verkatert oder desolat zu wirken. Die Sohlen meiner Turnschuhe hinterlassen eine fleckige Spur auf der neuen Auslegeware. Die Gesichter der zahlreichen Schweizer an den Vierertischen scheinen fratzenhaft. Sie unterhalten sich lautstark, während sie Bier trinken und Käsebrote verschlingen. Ihr Lachen kommt mir wie perverses Röcheln vor. Ich flüchte mich in die Bordtoilette. Umhüllt von der Plastikverschalung schließe ich für einen Moment die Augen und sehe kleine blaue Explosionen in der Dunkelheit. Ich erinnere mich, wie mir die farbigen Muster der Kinderzimmertapeten vor den Augen herumtanzten, wenn ich mit Mandelentzündung im Bett lag. Das Ticken der Wanduhr wiederholte unablässig ein und dieselbe Beschwörungsformel:

Asterix und Obelix. Asterix und Obelix. Asterix und Obelix. Asterix und Obelix.

Es war unheimlich, zwischen Möbelstücken aufzuwachsen, die über Jahrhunderte hinweg die gedämpfte Stimmung eines Sonntagnachmittags in sich konserviert hatten. Nachts entstiegen ihnen Gespenster. Ich entriegele die Toilettentür, hangele mich an den Wänden entlang bis zum Bistro, kaufe ein Wasser und kehre zu meinem Sitzplatz zurück. Jenseits der Bahntrasse biegen sich Pappeln im Wind. Ich nehme einen Schluck aus der Flasche und presse meine Wange an die kalte Glasscheibe. Durch die Prismen der Regentropfen betrachte ich die Landschaft. Die Stoppelfelder werden zu kinematischen Bildern, die permanente Beschleunigung wirbelt mich in die Vergangenheit. Hunderte von Menschen, zumeist Opfer von Raubüberfällen, müssen unter solchen Äckern verscharrt worden sein. Ich kann mir nicht vorstellen, dass sie trotz der stillen Erde in ruhigem Schlummer liegen.

Seit Frankfurt keine Tunnel mehr. Baden-Baden. Wolken, Burgen, Seen. Felder. Über die Furchen fliegen Schatten.

Du bist in eine Art Labyrinth geraten. Tagsüber wird es jetzt kaum noch hell, die Nächte sind endlos. Wieder sind keine neuen Passagiere angekommen. Im Sommer war die Schmalspurbahn noch in Betrieb, jetzt hörst du nur das frostbedingte Knacken der Bahngleise durch die Zweige. In letzter Zeit warst du überspannt, deshalb sehntest du dich nach einem Aufenthalt in jenem verschlafenen Kurort. Die Saison endete in diesem Jahr früher als erwartet. Unversehens warst du der einzige Gast, der durch den Schlosspark schlich. Zwischen den Buchsbäumen musst du dich verlaufen haben.

Die Straßenlaterne leuchtet fahl hinter deinem Rücken. Anfangs war sie noch eine Orientierung hin zur Welt der Lebendigen, mittlerweile ist sie fast verglommen. Obwohl Google Maps hier versagt, hältst du das Smartphone fest umklammert. Es ist dein einziger Talisman in diesem finsteren Spiel.

Moderne Eichhörnchen sind durchaus diskursiv. Sie haben wenig gemein mit der stummen, huschenden Kreatürlichkeit ihrer Vorgängergenerationen. Flink sind sie zwar noch immer, aber während sie den Weg durch die Hecken auskundschaften, quasseln sie unaufhörlich. Das ist keinesfalls unangenehm. Der Hörnchensound raubt dir die Angst. Du stapfst durch stygische Finsternis, begleitet von aufgeregten Piepsstimmen.

Einige der Nagertheorien wird man als abstrus bezeichnen

müssen. Ihr Steckenpferd, die Spektakelkritik, scheint dir zudem an diesem gottverlassenen Ort mehr als unangebracht. Im Gegenteil, eine spektakuläre Ablenkung wäre dir jetzt willkommen. Du trottest hinter deinen neuen Freunden her. Über dir das Rumoren der Schnellstraße. Deine Haut ist von der Kälte schuppig geworden, Dornen verkratzen das Gesicht.

Mit der Zeit verstricken sich die Eichhörnchen in immer größere Widersprüche. Ihre Vorträge locken dich tiefer ins Gestrüpp. Auch nimmt die Anzahl der Tiere zu. Das Labyrinth scheint sich durch ihr Gequassel auszudehnen. Begriffsgewitter und Vokabelregen dienen dem Wachstum, die harten Theorie-Nüsse der Stabilisierung des Schlamassels. »Was tun?«, fragst du dich, während das Dickicht dich zuletzt ganz umschließt. Du wirst nicht mehr herausfinden. Der Faden ist gerissen. Das ist dein Glück.

Seit ich zurückdenken kann, führe ich ein Doppelleben. Durch den Schleier der Erinnerung blinken mir zwei Spiegelbilder entgegen. Mal streune ich als schwarzer Hund ums Haus, mal treibt mich der Wind über die Heide, den Gräbern entgegen. Ich bin Discoqueen und Tyrann zugleich – mein Leben ist dem Untergang geweiht.
Mein Buchstabe ist das W.
Double vie. Double view.
Zwei Positionen auf einmal.
Zwei Vogelvaus, die sich berühren. Zwei Mal »von«.
No Fun.

Als Kind fuhr ich mit dem Fahrrad zu Edeka, um dort auf dem Boden vor der Auslage kniend Comic-Hefte zu lesen. Mir saß dabei ständig die Angst im Nacken, dass es plötzlich von oben herab schallen könnte: »Die Hefte sind zum Kaufen, nicht zum Lesen da.«

Heute gehe ich zu Edeka, um heimlich von der Käsetheke aus die Teenager zu beobachten, die sich ihr Mittagessen kaufen. Chips und Limonade. Ein Mädchen trägt Glitzerpompoms im Haar und stakt auf Plateausohlen durch die Gänge mit Knabbergebäck. Ein Junge sieht aus, wie ich mir Parzival vorstelle. Er kauft eine Literflasche Cherry Coke.

In Hamburg gab es Mitte der neunziger Jahre auf der Davidstraße einen winzigen Houseclub namens E.D.K., zu dem ich oft nachts schlich, um zwischen den längsgestreiften Wänden alleine zu tanzen. Ich liebte Housemusik, weil sich in ihr die Wiederholung wiederholte. In der Dämmerung lief ich nach Hause zurück. Vor den Fenstern meiner Wohnung auf der Reeperbahn blinkte noch die Neon-Wurst des »Lukullus«-Imbisses.

Ekstase und ich
Wir sind uns sicherlich
Nicht unähnlich

Du fasst mich an
Wie nur du es kannst

Du gehst voran
Torpedo mit Fernsteuerung

10 000 Meilen weit
Bin ich mit dir gereist
10 000 Meilen weit
Bis du mich befreist

Du weißt, wie's geht
Auf dem Empire State

So wie King Kong
Verliebt wie ein Gefangener

Bin ich
500 Meter hoch
Und fest in deiner Hand
500 Meter hoch
Und blicke über dieses Land

A Fawcett Crest Book

t1035 75¢

"A Shocker"

ECSTASY AND ME

My Life as a Woman

By HEDY LAMARR

DB1447704S

10 000 Meilen weit
Bin ich mit dir gereist
10 000 Meilen weit
Bis du mich endlich befreist
Von dir

Fünf Faden tief
Machst du ein Bett für mich
Fünf Faden tief
Machst du ein Bett für mich
Ekstase und ich
Wir sind jetzt sicherlich
Unzertrennlich

Nachdem ich von der Tournee zurückgekommen war,
wusste ich überhaupt nicht mehr, was ich jetzt noch machen sollte. Ich saß in meiner Wohnung im Schanzenviertel
auf der Couch und hoffte insgeheim, dass sich meine Ver-
wandten und Freunde sorgenvoll über mich unterhielten
und mich aus dieser Situation befreien würden. Mir war, als
hätte man mich von innen ausgehöhlt. Jeden Morgen erwachte ich mit einem mulmigen Gefühl im Magen. Ich war
seekrank, obwohl ich schon vor langer Zeit an Land gegangen war.

Ruhelos lief ich im Zimmer umher. Von meinem Balkon
starrte ich auf die Menschen aus Schleswig-Holstein, die
sich bereits über die Cafés des Schulterblatts hermachten.
Meistens kaufte ich früh am Morgen ein, wenn das Viertel noch schlief. Verstohlen lief ich mit großen Vorratspa-
ckungen Toilettenpapier in die Rosenhofstraße, in deren
rechtwinkligem Knick Junkies und Obdachlose zu dieser
Tageszeit große Mengen Urin absonderten. Sie bemerkten
mich nicht. Ein Rinnsal lief schäumend über das Kopfsteinpflaster bis unter mein Garagentor. Über die nahe Brücke
rollten die ICEs wie große weiße Raupen. Ich könnte nach
Hause fahren, dachte ich. Aber wo war das? In Berlin? In
Offenburg? Bei meinen Eltern? Als ich die Wohnungstür
aufschloss, fühlte ich mich wie ein Gast.

Ich legte das Portemonnaie auf den Schreibtisch im Arbeitszimmer, dessen Wände von meiner Vormieterin als

rosa-weiße Tapetenimitation gestrichen worden waren. Ich hatte die Wohnung so übernommen, einerseits, weil ich zu faul und für jede Art von Heimwerkerei völlig ungeeignet war, andererseits, weil mir die Vorstellung, inmitten eines flirrenden Zweigmusters zu sitzen und zu schreiben, Vergnügen bereitet hatte. Allerdings saß ich dann nie in dem Arbeitszimmer, weil ich nichts schrieb. Der Laptop stand ausgeschaltet auf dem Tisch, still in rosa Licht getaucht.

Ich verstaute die Vorratspackung Klopapier in der Kammer. Auf Tournee hatten wir jeden Abend das Lied »Hi Freaks« gespielt, darin die Zeile: »Alles muss im Überfluss vorhanden sein«. Das gilt vor allem für Klopapier, dachte ich, während ich in der Kammer herumnestelte, ich bin der Mensch mit dem größten Klopapierverbrauch auf Erden, wegen mir müsste eine eigene Klopapierfabrik eröffnet werden. Manchmal hatte ich den Wunsch, mich im Badezimmer vollständig in den weichen Zellstoff einzuwickeln, so wie Kinder es tun, wenn sie Mumie spielen.

In diesem Kokon wäre ich sicher, warm und geborgen.

Vor dem Fernseher stapelten sich DVDs. Auf der Platte des Glastisches zeichneten sich Ränder der Bierdosen ab, die ich am Vorabend noch penibel entsorgt hatte. Bei ihrem Anblick verspürte ich Scham und wurde durstig. Zu gern hätte ich mir jetzt ein Holsten Edel geöffnet, aber es kam mir pervers vor, zu dieser Uhrzeit in den türkischen Imbiss in der Susannenstraße zu laufen, die Glastür des großen Kühlschranks zu öffnen und wie selbstverständlich zwei Bierdosen auf den Tresen zu stellen. Ich hatte Angst, zu verwahrlosen, deshalb versuchte ich, alle Spuren, die darauf hätten hindeuten können, dass mein Leben aus dem Ruder lief, zu beseitigen. Im Zimmer wurde es warm. Die Sonne warf ein gelbes Hakenkreuz auf den kobaltblauen Teppichboden. Der Komplementärkontrast deprimierte mich. In Südkorea und Japan war die Fußball-WM im Gange. Wegen der Zeitverschiebung wurden die Spiele bereits um elf Uhr morgens übertragen. Ich kann Fußball nicht ausstehen, aber die Stimme des Sportreporters gab mir das beruhigende Gefühl, nicht alleine in der Wohnung zu sein.

Als ich in der Küche nachgesehen hatte, ob sich im linken unteren Gemüsefach nicht doch noch eine Bierdose finden ließ, und zurück ins Wohnzimmer kam, verstummte die Geräuschkulisse aus dem Fernseher. Kein Jubel mehr, kein Tröten und kein schwatzhafter Kommentar. Der Bildschirm war schwarz. Ich bewegte das Gesicht nah an die gekrümmte Oberfläche, tastete sie mit den Händen ab, wobei sich die Härchen auf meinen Unterarmen aufstellten. Erst jetzt bemerkte ich die vier schwach glimmenden Buchstaben auf der Glasröhre: EXIT.

49

»Es ist allgemein bekannt, dass unser aller Alltag von bösen Geistern bedroht wird. Nicht nur die Tatsache, dass wir, öffnen wir einen beliebigen Schrank, stets der Gefahr ausgesetzt sind, sein Inhalt könne uns entgegenfallen und uns unter sich begraben, sondern auch die ständige Vorahnung solcher Ereignisse macht uns das Leben zur Hölle«, sagte der große Hund, der seit einiger Zeit bei mir wohnte.

»Zu diesen tückischen Objekten kommt noch das Begehren nach mehr als einem Schicksal im Leben, dem wir permanent ausgesetzt sind, auch wenn wir dagegen ankämpfen. Kurzum: Werden wir jemals zufrieden sein?«

»Nein«, erwiderte ich, während ich damit beschäftigt war, die Spülbürste, die mich hinterrücks angefallen hatte, zu bändigen.

»Dann lass uns alles stehen und liegen lassen!«, rief er entzückt. »Lass uns die Welt von oben sehen! Lass uns alle Sprachen lernen! Wir wollen jedes Wort, das gesprochen wird, verstehen. Und dann lass uns alles auf den Kopf stellen! Drei Sechsen sind uns nicht mehr genug! Der Antichrist gibt uns nichts mehr! Er langweilt uns schon lange. 666 – was ist das schon? Im Zeichen der drei Neunen wollen wir reisen. Grenzenlose Abkehr!«

Er drehte sich dreimal im Kreis und skandierte dabei unaufhörlich:

»Nein! Nein! Nein!

Neun! Neun! Neun!

999! 999! 999!«

»Wenn du es partout so möchtest«, sagte ich, abgelenkt von den Motten, die sich in Angriffsformation begeben hatten und eines der Stoffbilder an unserer Wand attackierten. Geschmack hatten die Biester, das musste man ihnen zugestehen.

»Natürlich brauchen wir für die Reise ins Paralleluniversum einen Talisman. Denn nichts anderes suchen wir doch, nicht wahr? Ein Paralleluniversum! Hinter dem Ginster, unter der Schnellstraße, am Abwasserkanal, auf dem Feld vor der Tankstelle, überall kann der Einstieg sein. Wir müssen neue Zonen erkunden, von denen aus wir in unser Innerstes blicken können. Aber Obacht! Kobolde treiben nach Sonnenuntergang in den Städten ihr Unwesen, sie bewachen die Pforten und Pfade.«

»Ja, du hast recht. Da tut ein Talisman not«, sagte ich, während ich versuchte, mit einem Tennisschläger die Motten zu vertreiben.

»Doch wo bekommen wir einen solchen Talisman her?«, fragte der Hund und schüttelte unruhig sein zottiges Fell.

»Hab keine Angst, mein Lieber. Ich kenne den perfekten Talisman für uns«, sagte ich und kraulte ihn am Hals. »Er wird furchtlos für uns fechten, Kobolde und Geister, böse Träume und Krankheiten vertreiben. Er wird uns Mut und Frohsinn zaubern, denn er hat eine Formel gelernt von der alten Dolores Ibárruri, der er im Spanischen Bürgerkrieg diente: ›Ihr. Kommt. Hier. Nicht. Durch.‹«

»Ach was?«

»Und das Beste ist: Zurzeit lebt er in den Ritzen zwischen Dielen und Wand und ernährt sich von unseren Strom-

kabeln und Mehrfachsteckdosen. Zufällig habe ich letzte
Nacht ein Foto machen können. «
Ich wischte auf meinem Telefon herum, schließlich fand ich
den Schnappschuss. Bei seinem Anblick beruhigte sich der
Hund augenblicklich. Er atmete gleichmäßig, ich umfasste
seinen Brustkorb. Im Nu war der Hund eingeschlafen. Der
Expedition stand nichts mehr im Wege.

In meinem Traum laufe ich mit einem hochgewachsenen Massai-Krieger durch die Savanne des Tsavo-Nationalparks. Zuvor habe ich mich in der benachbarten Ortschaft Voi mit Keksen eingedeckt, die ich während der Wanderung mit Genuss verspeise. Bisweilen fallen größere Krümel aus meiner Hand auf den Boden. Vielleicht werden sie mir später helfen, den Rückweg zu finden. Der Massai-Krieger hat ein Kikoy-Tuch um den athletischen Körper gebunden, das Muster ähnelt Schottenkaro. Seine nackten Beine stecken in Springerstiefeln. Er eilt über die Buschpiste, sodass es mir schwerfällt, Schritt zu halten, obwohl ich ein schneller Läufer bin.

Schweigen.

Nur ab und zu zeigt er mit seinem Stock auf Fährten und bedeutet mir mit einer Handbewegung, mich nach diesen zu bücken.

»Hippopotamus. Very dangerous.«

»Warthog.«

»Waterbuck.«

Interessiert blicke ich zu Boden, entdecke die Abdrücke zwischen den Reifenspuren und Sandverwehungen. Schweigend laufen wir weiter nebeneinanderher, die Zeit steht still. Der Wind fährt in das karge Gestrüpp der Savanne. Ein Klingeln ertönt und wiederholt sich mehrmals. Der Massai greift mit einer eleganten Handbewegung unter sein Tuch und fördert ein Mobiltelefon zutage, klappt es auf, hält es ans Ohr und spricht hastig hinein. Dabei läuft er forschen Schrittes weiter. Obwohl ich seine Sprache nicht verstehe, halte ich diskret Abstand. Nach einer Weile klappt er das Telefon zu, verstaut es wieder unter dem Kikoy und wendet sich mir zu:

»Wife.«

Sie mussten mich hier vergessen haben. Als ich auf der Lichtung erwachte, war das Gras bereits feucht vom Tau. Leichter Sprühregen fiel. Auf dem Boden stapelten sich Plastikbecher und angebissene Pizzastücke. Dunst breitete sich über den Müllbergen aus, Feuerstellen glommen noch schwach, und Menschen in Regencapes schlurften benommen vorbei oder traten schlafwandlerisch über mich hinweg. Ich lag auf dem Bauch, das Gesicht in einer Mulde, die Beine lang von mir gestreckt. Die nackten Füße hatte ich übereinandergeschmiegt. Jemand musste mir heimlich Schuhe und Socken ausgezogen und diese entwendet haben. Ich blickte an mir hinab. Warum nur hatte ich ausgerechnet eine weiße Jeans als Bühnenoutfit gewählt? Waren die anderen ohne mich abgefahren? War ich über die Maßen betrunken gewesen oder hatte ich einen cholerischen Anfall bekommen?

Vor meinen Augen machte sich ein Waschbär über die verstreuten Essensreste her. Ich erinnerte mich an den Namen einer Berliner Textilreinigung, deren Dienste ich jetzt gerne in Anspruch genommen hätte.

www.waschbär.de hatte auf der Hecktür eines Lieferwagens geprangt, der vor einigen Tagen an der Ampel vor mir zum Stehen gekommen war. Es war ein verregneter Sommer, und die Wassermassen schlugen wie verrückt auf die Scheibenwischer, dennoch konnte ich den bunten Schriftzug deutlich lesen. Blitze zuckten. Ich saß geschützt in meinem Auto auf dem Weg nach Hause. Noch nie war ich so oft im Kino gewesen wie in den letzten Monaten. Ich hatte den Juni und Juli hauptsächlich in den Multiplexen am Potsdamer Platz oder, zwischen den Vorstellungen, an den Plastiktischen von Dunkin' Donuts verbracht, von wo aus ich durch die Fensterfront im ersten Stock auf den überschwemmten Asphalt blickte. Das ist die Sintflut, murmelte ich leise vor mich hin, während ich in den Schmalzteig biss. Normalerweise lege ich Wert auf gesunde Ernährung, doch seit einiger Zeit konnten nur die deftigsten Speisen meinen Hunger stillen, und ich hatte ein unbändiges Verlangen nach Süßigkeiten. Die Kinobilder glitten in Strahlen aufgefächert über die Stuhlreihen hinweg und kitzelten meine Nase. Vor der 3-D-Brille dehnten sich Strände, Vegetation und Wolkenformationen fremder Planeten aus. Hier war die Luft frisch, und ich konnte atmen. So vergingen Montag, Dienstag, Mittwoch und Donnerstag.

Freitags bestieg ich den Nightliner auf einem Parkplatz am Ostbahnhof und fuhr durch die endlose Nacht den Festivals auf versteckten Waldlichtungen entgegen. Zahlreiche Menschen in Funktionskleidung fanden sich dort ein und feierten zu den Klängen von Rockmusik, die wie eine Liebe alt geworden und nach und nach in bloße Gewohnheit übergegangen war.

Ich blickte mich um. Ein Pfad schlängelte sich durch die Farnsträucher aus dem Gelände. Von einem Pärchen, das barfuß und knutschend vor seinem Zelt am Waldrand saß, stahl ich ein Paar Gummistiefel, ich klopfte meine Hose notdürftig ab und lief auf dem Autobahnzubringer in den Morgen.

Das Rauschen
Der Blätter
Der Bäume
Im Wind:
Ein Film

Ich erreichte Bad Schandau am späten Vormittag. Obwohl mein Zimmer in der Kurklinik erst ab fünfzehn Uhr bezugsfertig war, wie man mir schriftlich mitgeteilt hatte, hastete ich die Treppe aus dem Bahnhofsgebäude hinab zur Elbe, wo die Fähre bereits auf mich wartete. Ich zahlte an Bord und gelangte nach kurzer Fahrt auf die andere Seite. Über den Fluss wehte eine sanfte Brise und wanderte unter mein Hemd.

Ich lief zunächst am Ufer entlang und streifte dann ziellos durch die Gassen des Städtchens, von dem ich nichts wusste, außer dass es auf halber Strecke zwischen Dresden und Prag lag. Im Sommer des vorletzten Jahres war ich oft mit dem Zug durch das Elbtal gefahren und hatte jedes Mal, wenn der Name der Station ausgerufen wurde, große Lust gehabt, mich für längere Zeit in dem Kneippkurort niederzulassen. Nun, an einem Mittwoch im August, hatte ich mein Vorhaben endlich in die Tat umgesetzt. In regelmäßigen Abständen schaute ich auf mein Telefon und kontrollierte Uhrzeit sowie mir entgangene Nachrichten. Den Rollkoffer zog ich dabei über das Kopfsteinpflaster wie einen ungehorsamen Hund. Einige Male musste ich in einem der dunklen Hauseingänge verschwinden, um ungestört ein paar aufmunternde Worte an ihn zu richten. Bald seien wir am Ziel unserer Reise angekommen, es gebe also keinen Grund, störrisch zu werden, so ich. Knurren.

Ich umrundete die Altstadt wohl noch einige Male, rauchte

mehrere Zigaretten auf der Bank vor dem Springbrunnen im Park und krempelte die Hosenbeine so lange hoch, bis mir der Abstand zwischen Schuhen, Socken und Hosensaum ideal schien. Dann betrat ich die Kurklinik.

Die Empfangshalle war hell erleuchtet, aber bis auf einen Ständer mit Zeitschriften und Postkarten vollkommen leer. Erst als ich aus Verlegenheit in einer Illustrierten blätterte, erschien ein massiger Portier aus einer Seitentür und bedeutete mir mit einem Räuspern, ihm zu folgen. Sein großer Kopf und das kindliche Gesicht erinnerten mich an den kürzlich verstorbenen Helmut Kohl, vor dem ich mich meine ganze Jugend hindurch geängstigt hatte. Sein steifes Lächeln wirkte gequält, aber ich konnte mich auch täuschen, denn ich war damit beschäftigt, das spärliche Mobiliar in den Gängen und Speisesälen meiner zukünftigen Residenz in Augenschein zu nehmen.

Ich habe der langen Tourneen wegen einen geübten Blick für Hotels und andere Unterkünfte. Betrete ich ein Gästehaus oder Zimmer zum ersten Mal, verfolge ich mit den Fingern die Stromleitungen, bis sie in der Wand verschwinden. Ich untersuche die Tapeten nach verborgenen Schaltern und Türen, leuchte die Ecken aus und ziehe die Vorhänge beiseite. Ich versuche alle Gefahrenquellen ausfindig zu machen. Dennoch kann ich nicht objektiv erklären, wann und unter welchen Voraussetzungen ich mich in einem Zimmer geborgen fühle. Oft sind es Kleinigkeiten, die den Unterschied machen. Die Farbe der Kacheln im Bad oder der Abstand zwischen Bett und Wand, Geräusche und Gerüche und ob man das Fenster öffnen kann.

Ich lief weiter dem Kanzler-Doppelgänger hinterher und kam

mir in diesem Moment wie Suzy Banyon vor, die verängstigte Ballerina aus Dario Argentos Horrorfilm »Suspiria«. Gleich zu Beginn wird die großäugige, fragile Heldin in eine verwinkelte Tanzakademie gelotst, deren Architektur Übles erahnen lässt und die sich bezeichnenderweise in der Escherstraße befindet. Hätte ich nur ein Messer bei mir, dachte ich, dann könnte ich mich und meinen Koffer gegen die Ballett-Hexen und ihren ungeschlachten Gehilfen verteidigen.

Endlich gelangte ich in das mir zugewiesene Zimmer. Es war in Zwielicht getaucht, die Fenster waren mit schokoladenbraunen Läden verschlossen. Durch ihre Schlitze fiel das Sonnenlicht in Streifen auf das Parkett. Ich setzte mich auf das Bett und blickte zu Boden. In den Adern des Holzes glaubte ich Gesichter zu erkennen, das Augenpaar einer Eule starrte mich an. Ich erwiderte den Blick. Mir kam ein Satz in den Sinn, den ich vor langer Zeit gelesen hatte: »Wir werden verwundet durch das, was wir sehen.«

Das Ticken der Wanduhr im Flur drang wie der Rhythmus eines Liedes an mein Ohr. Ich ließ mich rückwärts auf das Bett fallen. Müdigkeit überkam mich und mit ihr das feierliche Gefühl, das mitunter das Ende eines langen Tages ankündigt.

Im Helldunkel zwischen den Wandteppichen und der geöffneten Badezimmertür würde ich bequem liegen, dachte ich und betätigte die Nachtglocke.

»In einer Art Wachtraum glaubte sie den
Fuchs vor dem Haus im Wind singen zu hören,
süß und wild wie ein Wahnsinn.«
D. H. Lawrence, »Der Fuchs«

Das erste Mal seit längerer Zeit fühlte ich mich völlig erholt. Ich war für eine Woche in der Wohnung im Brandenburgischen, die ich mir mit Freunden teilte und die um das Pfingstwochenende herum auf wundersame Weise frei geworden war.

Tagsüber lief ich durch überwuchertes Gelände zum Strandbad am Waldsee. Auf dem Weg dorthin stand ein von Nesseln und Ranken halb verschlucktes Verkehrsschild, auf das jemand das Wort »Ende« geschrieben hatte. Wahrscheinlich waren es Jugendliche aus dem Dorf gewesen, die auf die Lichtung kamen, um zu kiffen oder Schnaps zu trinken, dachte ich, während unter meinen Füßen die Kiefernzapfen knackten, die überall auf dem sandigen Boden verstreut lagen.

Wenn ich am frühen Nachmittag von meinen Erkundungen nach Hause kam, fiel ich in einen tranceartigen Zustand. Ich konnte mich nur noch mit letzter Kraft in den Edeka am Marktplatz schleppen. Die Einheimischen in dem engen Laden verhielten sich mir gegenüber nicht feindselig, betrachteten mich aber auch nicht als einen der ihren.

An jenem Abend, als ich mir im Dorfkino unaufmerksam

einen quietschbunten Marvel-Superheldenfilm angesehen hatte, saß ich nach meiner Heimkehr lange auf der Treppe, die in den Garten führte, und versuchte gegen die Mückenschwärme anzurauchen, die mich vom nahen Waldrand her attackierten. Immer neue Todesschwadronen senkten sich von den Baumwipfeln auf mich herab, unbeeindruckt von den Nikotinschwaden. Von meinem Platz auf der Treppe konnte ich jenseits des Geräteschuppens einen Schatten im Mondlicht erkennen.

Lautlos schlich der Fuchs durchs ungemähte Gras zum Hühnerstall, den sich die Nachbarn erst vor kurzer Zeit angeschafft hatten. Seine Bewohner hatten mich am Vortag mit Gegacker und Geflatter aus Träumen gerissen, die so merkwürdig und lebendig gewesen waren, wie ich es zuvor nur nach der Einnahme von Malaria-Tabletten erlebt hatte.

Aus mir nicht mehr ersichtlichen Gründen verbringe ich meinen dreiundvierzigsten Geburtstag in Hamburg. Dorthin siedelte neunundsiebzig Jahre zuvor der am gleichen Tag, dem 21. März, im Brandenburgischen geborene Schriftsteller Hubert Fichte mit der Familie über, genauer gesagt in das Haus seiner Großeltern im nordwestlichen Stadtteil Lokstedt. Ich erwache – wie oft an meinem Geburtstag – mit einem unguten Gefühl. Ich habe keine Angst vor dem Älterwerden, aber Angst vor Veränderungen und ihrer Manifestation in einem Datum.

Ich wohne in einer Mischung aus Hotel und Appartementhaus in der Nähe des Hamburger Hafens, in dem sich hauptsächlich Geschäftsreisende und Angestellte der Medienbranche in geräumigen, aber geschmacklos eingerichteten Zimmern einquartiert haben. Obwohl das Haus noch nicht alt ist und seine Zugehörigkeit zu einer Kette offensichtlich, verströmt es einen modrigen Geruch. Das Personal ist selten anwesend und Fragen gegenüber unaufgeschlossen. Das Muster der Dinge, das mich unbeweglich umgibt, wirkt seltsam verschoben und trägt zu weiterer Verstörung bei.

Draußen atme ich die feuchtkalte Luft und setze mich sofort in Bewegung, vorbei an den zahlreichen portugiesischen Restaurants, in denen die ersten Vorbereitungen für den alltäglichen Touristenansturm getroffen, Türen geöffnet, Tische eingedeckt und in deren Küchen bereits die ungenießbaren, aber überaus beliebten Stockfischgerichte für den Mittagstisch zubereitet werden.

Spontan beschließe ich, Hubert Fichtes und meinen Ehrentag mit einem Besuch an dessen Grab auf dem Nienstedtener Friedhof zu begehen. Nie zuvor habe ich das Grab einer berühmten Persönlichkeit besucht, das kommt mir abgeschmackt und kitschig vor. Ich gehe dennoch weiter. Schon nach kurzer Zeit erreiche ich die Landungsbrücken. Ich lasse den Hafen zurück, er bedeutet mir nichts. In meiner gesamten, sich immerhin über zehn Jahre erstreckenden Hamburger Zeit war ich nur sehr selten hier unten am Fluss und habe dabei niemals eines der von der Präsenz der großen Schiffe geradezu eingeforderten und in einer Vielzahl von Liedern besungenen großen Gefühle verspürt, weder Sehnsucht noch Fernweh.

Vor allem Letzteres ist mir vollkommen fremd. Ich will nicht fort. Niemals. Meine Eltern hatten lange Zeit die größte Mühe, mit mir in Urlaub zu fahren, da ich meist pünktlich am Vorabend der geplanten Abreise krank wurde.

Hubert Fichte ist selbst in seinen frühen Werken ein Ethnologe, ein Reisender, ein Passagier. Ob seine Expeditionen ihren Ausgangspunkt am Gänsemarkt oder in St.Pauli, in Marokko, Brasilien oder Haiti haben, macht für ihn in Schreiben und Leben kaum einen Unterschied. Beständig erweitert er seinen Radius, er registriert, kartiert und interagiert, zumal sexuell. Seine Litaneien führen zur Grenzüberschreitung.

Statt links in Richtung Hafen biege ich in die entgegengesetzte Richtung ab und gelange vom Hafentor auf den Kuhberg und dann zum Venusberg. Die Straßennamen rufen erfreulich unmaritime Assoziationen hervor. Ich wünsche mich nicht übers Meer, viel lieber träume ich mich unter den Hügel in einen sanften Opiumschlaf.

»The sun – the moon? Imprisoned underground!
Where gnomes disport, and devils do abound.«

So beginnt Aleister Crowleys 1902 veröffentlichtes, unfreiwillig komisches »Tannhäuser«-Drama. Der englische Exzentriker, Schwarzmagier und Schmierenkomödiant kommt mir in den Sinn, als ich den Venusberg entlanglaufe und mir die Märzsonne in den Nacken scheint. Als Teenager war ich von englischer und französischer Dekadenzliteratur besessen, denn sie korrespondierte mit meinem damaligen Musikgeschmack. Ich besaß ein »Lexikon des Okkultismus« und las stundenlang in der Bibel der schwarzen Romantik, Mario Praz' Studie »Liebe, Tod und Teufel«.

Obschon Crowley als eine Art Schutzpatron des Harte-Männer-Genres Heavy Metal bezeichnet werden darf, widmete er sich dennoch in einem frühen Gedicht der sexuellen Ambivalenz und dem Hermaphroditismus und besang einen »bleichen Leib, durch Sünde schön«.

Bei Hubert Fichte klingt das achtzig Jahre später deutlich weniger schwülstig und ungleich lustiger:

»Bumms! Bi! Und Schicksalssymphonie! Ich bin fifty-fifty.«

Crowleys wirre Schriften waren der Haupteinfluss für Kenneth Angers schönen Film »Lucifer Rising«, dessen Titelsequenz wir mit Tocotronic in unserem Video »Let there be Rock« zitieren, ein Versuch über die Pubertät, den wir vor über fünfzehn Jahren in Gibraltar an der Hafenpromenade gedreht haben, in einem »Schmugglernest«, wie der Regisseur des Clips sich ausdrückte, am äußersten Zipfel Europas, das afrikanische Tanger fast in Sichtweite.

Links neben mir, zwischen den Hecken des Elbparks, der von der Monstrosität des Bismarck-Denkmals überwacht wird, liegt der Zufahrtsweg zur Jugendherberge »Auf dem Stintfang«, einem gefängnisartigen Gebäude, in dem ich mit meinem Freund Alexander übernachtete, als wir im Sommer 1986 gemeinsam via Interrail durch Deutschland fuhren. Von dort aus unternahmen wir mit Herzklopfen einen Ausflug in die Hafenstraße und in die vom Fischmarkt abgehende Buttstraße. In einem der alten Häuser der leicht ansteigenden Gasse wohnte unsere Lieblingsband Die Goldenen Zitronen, die wir in einem Anflug provinzieller Selbstüberschätzung besuchen wollten. Der Fischmarkt war für uns eine Heterotopie, ein Ort, durchdrungen von Möglichkeiten, an dem die bürgerliche Ordnung unserer Herkunft außer Kraft gesetzt werden konnte, ein permanenter Ausnahmezustand, ein Versprechen.

Natürlich öffnete sich die magische Tür zur Zitronenwohnung nicht, und auch auf dem Fischmarkt blieb uns die Pforte zu einem anderen Leben verschlossen. Unverrichteter Dinge zogen wir wieder ab, zurück zwischen die Mauern der Jugendherberge, die um 22:30 Uhr schloss.

Gedanken kreisen durch meinen Körper, von den Zehen bis zu den Haarwurzeln, den damit verbundenen Schwindel empfinde ich nicht als unangenehm, im Gegenteil, ich bin jetzt fast beschwingt wie nach einer Fahrt in einem Karussell auf dem Hamburger Dom, dessen Lichter in der Nacht zu meinem Fenster im Appartementhaus am Hafen herüberblinken.

Als Kind war die Ankunft des sogenannten Rummels neben dem Messegelände in Offenburg ein Ereignis für mich, dem ich lange im Voraus entgegenfieberte. Ich war fasziniert von den jungen mitreisenden Männern, die lange Haare, Röhrenhosen und Cowboystiefel trugen. Wenn sie mir beim Einsteigen in eine der Gondeln behilflich waren oder die bunten Plastikchips einsammelten, zeigte ich ihnen stolz den rechten Ärmel meiner Jeansjacke, auf den mir meine Mutter eine Kobra aus Stoff gebügelt hatte, obwohl sie nur eine Kompromisslösung zu einem Totenkopf mit Flügeln war, den ich eigentlich hatte haben wollen. Die halbstarken Schaustellergehilfen sollten denken, ich sei einer von ihnen, mutig und kaltblütig. In Wahrheit ängstigten mich die Fratzen und Pappmachémonster. Konnte ich durch die Umdrehung des Karussells in eine andere Dimension, in einen Abgrund zwischen den Sternen geschleudert werden? Und als alter Mann zurückkehren?

Ich erreiche schließlich Teufelsbrück und überquere die Elbchaussee in den Jenischpark. Dort bläst der Wind in die Bäume. Das Rauschen der Blätter wirkt wie das akusmatische Signal der Tonspur eines Films, zu laut und zu deutlich, um wahr zu sein. In der Ferne huscht eine Schulklasse in gelben und roten Regenmänteln zwischen den Büschen umher. Zwei Elstern jagen einen Hund über den Rasen. Ihr Keckern begleitet mich noch ein Stück des Weges bis zur Nienstedtener Kirche, zu deren Einweihung 1751 Georg Friedrich Telemann seine Kantate »Zerschmettert die Götzen« komponiert haben soll.

Kurz darauf stehe ich vor dem Tor des Friedhofs und lasse mir im angrenzenden Verwaltungsgebäude einen Lageplan aushändigen. Trotz des Plans irre ich zunächst eine Weile auf den Kieswegen umher, unfähig, mich zu orientieren. Es fängt an zu regnen, weshalb ich mich unter das Vordach eines Geräteschuppens flüchte. Als der Regen nachlässt, starte ich einen neuen Versuch, diesmal peinlich darauf bedacht, die Gräberreihen genau zu zählen. Es wird Mittag, bis ich das Grab von Hubert Fichte finde. In den Stein ist ein Zitat gehauen:

>>Einst bin ich ein Knabe
Ich bin auch ein Mädchen gewesen
Busch und Vogel und Fisch
Der warm aus dem Wasser emporschnellt<<

GEFALLSUCHT

»Gefallsucht ist eine
Abscheuliche Hoffnung«
Denkst du und trittst
Auf Asphalt und Beton

Der Kot an den Sohlen
Der neuen Schuhe
Wiederum denkt sich
»Das hat er davon«

Als in Berlin fast täglich sintflutartige Regenfälle niedergin-
gen, fuhr ich mehrmals mit dem Zug nach Prag. Meistens
bestieg ich die Elf-Uhr-Verbindung an einem Freitag, blieb
übers Wochenende und reiste am darauffolgenden Dienstag
zurück. Es empfahl sich, Sitzplätze im Voraus zu reservie-
ren.

Ich fahre normalerweise grundsätzlich zweiter Klasse, im
EuroCity nach Prag waren die Abteile und Gänge jedoch
mit Backpackern und Schulklassen aus aller Herren Länder
verstopft. Zu diesen gesellten sich größere Gruppen grölen-
der Männer, Junggesellenabschiede oder Ähnliches. Alko-
holgeschwängerte Ausflugsfahrten nach Prag schienen sich
großer Beliebtheit zu erfreuen, wie mir später umso deutlicher bewusst wurde, denn es war trotz schwüler Hitze in
meinem Appartement in der Veleslavínova unmöglich, bei
geöffnetem Fenster zu schlafen. Auf der anderen Straßenseite befand sich ein Lokal, »The Pub«, vor dem bis in den
frühen Morgen hinein Saufkumpane lungerten und wie die
wilden Stiere herumbrüllten.

Eigentlich verabscheue ich Zugfahrten und Bahnreisen,
doch in der ersten Klasse im EuroCity nach Prag fühlte ich
mich so geborgen wie selten zuvor. Am liebsten würde ich
gleich ganz hier einziehen, dachte ich, und den Rest meines
Lebens in Waggon 262 verbringen.

Bis Dresden vertrieb ich mir die Zeit mit Lesen, dann wech-
selte ich ins Bordrestaurant, wo ich eine Portion Käsespätzle

aß. Von der schweren Kost müde geworden, trollte ich mich zurück auf meinen Platz und starrte aus dem Fenster. Seit einiger Zeit hatte sich die Landschaft verändert, nach und nach verwandelte sie sich in eine Märchenwelt, wie ich sie aus tschechischen Filmproduktionen wie »Drei Nüsse für Aschenbrödel« kannte. Ein warmes Gefühl breitete sich in mir aus, denn ich war in meiner Jugend, wie damals nahezu jeder Junge, ein bisschen in die tapfere Prinzessin verliebt gewesen. Der Zug erreichte Bad Schandau, einen Kurort im Osterzgebige. Ich verspürte sofort große Sehnsucht nach einem mehrwöchigen Aufenthalt im Mittelpunkt der Sächsischen Schweiz. Eine Kneippkur hätte mir bestimmt nicht geschadet.

Erst nach einiger Zeit bemerkte ich, dass der Zug an einer einsamen Bahnstation im Böhmischen stand. Ich musste die Durchsagen verpasst haben, denn auf langen Fahrten höre ich meist den Soundtrack zum Kriegsfilm »Zero Dark Thirty« in Endlosschleife.

Ich blickte aus dem Fenster. Auf dem Bahnsteig hatte sich eine größere Menge Menschen versammelt; sie rauchten und unterhielten sich. Ich verstaute meine Reisetasche unter dem Sitz und trat in die schwüle Luft hinaus. Ich nestelte noch in meiner Jackentasche nach den Zigaretten, als sich plötzlich die Lokomotive und die Wagen der ersten Klasse vom Rest des Zuges lösten und mit hohem Tempo aus dem Bahnhof fuhren.

Entsetzt wandte ich mich an eine Schaffnerin.

»That's why I said before, passengers in 261 and 262, please remain seated«, bedeutete sie mir.

»Oh. I did not hear. Headphones«, sagte ich und zeigte auf meine Ohren. »Will it come back?«

»No.«

»But my luggage is in there.«

»Say bye-bye to it«, sagte die Schaffnerin schulterzuckend, nahm einen Zug von ihrer Zigarette und reichte mir ihr Feuerzeug.

Ich streife ziellos durch Wien. Es ist die Zeit nach einem veröffentlichten Album und einer abgespielten Tour. Ich fühle mich leer, bin aber nicht mehr erschöpft genug, um nichts zu tun. Deshalb laufe ich kreuz und quer durch die Bezirke, mit denen ich Erinnerungen verbinde. Unversehens finde ich mich vor »Rave Up« wieder, einem Schallplattengeschäft, das ich in einer anderen Straße vermutete. Ist es umgezogen oder hat meine Erinnerung den Stadtplan verzerrt?

Ich kaufe seit Jahren keine Schallplatten mehr, bleibe aber dennoch vor dem Schaufenster stehen. Darin befindet sich – prominent platziert, obschon uralt – ein Live-Album von Gun Club. Die Musiker auf dem blumenumrankten Coverfoto sind flamboyant gekleidet, Jeffrey Lee Pierce und Kid Congo Powers tragen Stirnbänder und Hüte, sie haben blondierte Haare und kajalumrandete Augen. Patricia Morrison, die Bassistin, ist kreidebleich, ein schöner Kontrast zu ihren schwarzen Hexenhaaren und den blutrot geschminkten Lippen. Gun Club erinnern in dieser Aufmachung an die Piraten-Äffchen auf dem Plakat in meinem Schlafzimmer in Berlin. Mein Freund Alexander hatte das Album »Danse Kalinda Boom. Live in Pandora's Box« in seiner Sammlung, ich durfte es mir ausleihen und auf Kassette überspielen. Die Version von »Give up the sun« habe ich bestimmt hundert Mal gehört und mich dabei auf den Teppichboden meines Zimmers gelegt. Ich werde traurig. Was tut die Zeit uns an, denke ich und rette mich auf eine nahe gelegene Bank. Dort rauche ich eine Zigarette und warte, bis es mir besser geht.

Am Nachmittag dehne ich meine Exkursion auf die linke und rechte Wienzeile aus und gelange über die Rüdigergasse in die Ziegelofengasse. Ich esse eine schwere Mahlzeit im »Alten Fassl« und setze mich dann ins Filmcasino in der Margaretenstraße schräg gegenüber. In der Nachmittagsvorstellung läuft ein Film, der von einer Expedition am Amazonas handelt und von einer Zauberpflanze, die das Universum heilen kann. Eine Zeit- und Traumreise ins Herz der Finsternis.

Alles hängt mit allem zusammen, denke ich, und schlafe im Kino ein.

HIMMELFAHRT

An Christi Himmelfahrt, dem Feiertag, der in Ostdeutschland auch als »Herrentag« begangen wird, floh ich aus Berlin nach Zürich.

Im Volkspark hatten sich schon am frühen Morgen Männergruppen mit Bollerwagen voller Bierflaschen eingefunden. Der Maiwind trug gegrölte Parolen durch die geöffnete Balkontür in meine Wohnung, in der ich hastig ein paar Kleidungsstücke in eine Tasche stopfte, bevor ich zum Flughafen fuhr. »Wehrmacht, Wehrmacht, wer macht mit.«

Wenige Stunden später saß ich in einem vollkommen menschenleeren Park im Züricher Kreis 5 und sah ein paar Raben zu, die sich unter einem der zahlreichen Müllbehälter versammelt hatten und sich um einen Haufen Kehricht zankten. Mir gegenüber das Viadukt, darunter ein Ladengeschäft mit der Aufschrift: #chooseyourmove.

Wenn du in diesem Zustand bist, hört dein Herz nicht auf zu schlagen. Na, Gott sei Dank, hörst du die anderen sagen. Aber du möchtest, dass es wenigstens einmal stehen bleibt. Dann wäre Ruhe im Karton. Das Päuschen hättest du dir verdient. Das Licht geht aus, wir gehen nach Haus. Rabimmel, rabammel, rabumm.

Die einzige Möglichkeit, das zu überleben, ist, dich selbst zu beschleunigen. Deshalb bist du zum Jogger geworden. Du hättest nie gedacht, dass du zum Jogger werden würdest. Zum Jogger werden, das wäre dir früher entsetzlich vorgekommen. Jetzt hast du keine andere Wahl, als permanent zu rennen. Um dich mit deinem Herzschlag zu synchronisieren. Um aus der Wohnung zu fliehen, in der die Gedankenspinnen Netze hinterlassen. In der die Wände immer näher kommen wie die Müllpresse im Todesstern. Und reden, reden, reden. Unaufhörlich quasseln. Die Stille muss überwunden werden. Die Turnschuhe immer im Blick. Deine Hysterie tötet Zwang.

Hysterie.

History.

Ich war seit einiger Zeit viel alleine und versuchte, neue Songs zu schreiben. Meine Tage begannen früh, ich trank Kaffee im Bett, frühstückte im Stehen und setzte mich kurz danach im Pyjama an den Esstisch im Wohnzimmer, an dem meine Akustikgitarre bereits vom Vorabend griffbereit lehnte. Um mich herum hatte ich Bücher gestapelt, in denen ich bei Bedarf blättern konnte, als Prokrastination. Vor mir lagen ein Blatt Papier und ein Kugelschreiber mit Minion-Motiven. Minions sind kleine gelbe Quälgeister, die wie irr in Laboratorien herumexperimentieren, was meistens in heftigen Explosionen endet.

Nach dem frühen Abendessen war ich oft erschöpft, aber alleine zu Hause hielt ich es nicht lange aus. Ich suchte im Theater, im Kino oder im Konzert nach Inspiration und wollte die Illusion aufrechterhalten, meine Arbeit sei geistig mit diesen ungleich größeren künstlerischen Leistungen verbunden. Man will ein Stück des Weges am Fluss gemeinsam gehen, denn dieser Spaziergang schenkt Mut und Selbstvertrauen, auch wenn man instinktiv weiß, dass man bald anderswo jemand anderer sein wird. Am Abend des 2. September fuhr ich deshalb in die Berliner Philharmonie, wo gerade das alljährliche Musikfest stattfand. Auf dem Spielplan standen zwei Orchesterwerke von John Adams und ein Vokalstück von Steve Reich.

Ich beobachtete die Besucher, die langsam in den Saal strömten, und ertappte mich dabei, dass ich sie in Gruppen einteilte und mich fragte, aus welchen Beweggründen dieser oder jene heute Abend den Weg in die Philharmonie gefunden hatte und welchen Beschäftigungen sie sonst nachgingen. Um mich abzulenken, blätterte ich im Programmheft.

In der Werkauflistung las ich, dass der dritte Satz von John Adams' Kammersinfonie mit »Roadrunner« betitelt sei. Sofort kam mir der gleichnamige Song von Jonathan Richman in den Sinn. Es ist einer der wenigen Rocksongs, von denen ich wünschte, sie würden niemals enden. Auch »I'm the Ocean« von Neil Young gehört in diese Kategorie. Kommt das Lied einmal in Fahrt, scheint es wie von den Rädern eines Perpetuum mobile getrieben, das sich Paul Scheerbart hätte ausdenken können. John Adams hingegen wurde von der Cartoon-Figur aus den fünfziger Jahren inspiriert, wie ich dem Programmheft entnahm. Richtig, Roadrunner wird gejagt von Karl, dem hungrigen Coyoten. Er düst den Highway entlang und gibt dabei, wie als Countdown zur Zündung des Turboantriebs, ein piepsend-nasales Geräusch von sich.

Während des Steve-Reich-Stücks schlich ich mich aus dem Saal. Die hyperaktiven, aggressiven und akrobatischen Kompositionen Adams' hatten mich unruhig gemacht. Ich bekam urplötzlich Lust, mit dem Auto durch die Stadt zu düsen. Während ich den Parkautomaten umständlich mit Kleingeld fütterte, las ich die SMS eines Freundes. Ob man sich nicht in der Kantine der Volksbühne treffen wolle. Die letzten warmen Abende waren ein Versprechen, die Kantine und ihr kaminartiger Innenhof, in dem man die Durchsagen der Inspizientin hören konnte, Sehnsuchtsorte.

Auf dem Bücherstapel auf meinem Esstisch liegt seit Langem ein Buch, das ich nie ganz gelesen habe, auf das ich aber immer wieder zurückkomme. Es ist, als führte es ein Eigenleben und riefe mich in regelmäßigen Abständen zu sich. Das Buch ist, kurz gesagt, eine Analyse »glücklicher Räume«. Es handelt davon, wie Keller, Dachböden, Winkel und Gänge in unseren Erinnerungen die Charakteristik von Zufluchtsorten annehmen. Ich habe viele solcher Räume gekannt. Räume, in denen ich mich sicher und aufgehoben fühlte und in denen sich meine Träume verwirklichen konnten. Die Einliegerwohnung unseres Reihenhauses, in die ich als Jugendlicher zog, der Jugendkeller der Anne-Frank-Schule, wo ich mit meinen Freunden Punk-Konzerte veranstaltete, oder das »Heinz Karmers Tanzcafé«, ein einsames und heruntergekommenes Haus am Rande St. Paulis, wo Arne, Jan und ich unsere ersten Auftritte hatten. Und natürlich die Volksbühnenkantine, an deren schweren, runden Tischen ich viele Abende mit René Pollesch und dem Ensemble unserer Oper »Von einem der auszog, weil er sich die Miete nicht mehr leisten konnte« verbracht hatte.

Ich fuhr die Leipziger Straße entlang, meiner Verabredung entgegen. Die Spätsommersonne verschwand allmählich hinter dem großen Coca-Cola-Schild auf dem Hochhausdach am Spittelmarkt, von der Spree her wehte der Ostwind durch das heruntergelassene Seitenfenster. Vor mir sah ich das Einkaufszentrum »Alexa« wie eine grell beleuchtete Version von Böcklins »Toteninsel« aus dem Boden wachsen. Dann fuhr ich in den Tunnel, der aus der Unterwelt direkt zur Volksbühne führt.

Drei Stunden später kehrte ich alleine an die Oberfläche

zurück und setzte mich schwer angetrunken ins Auto. Ich wollte auf meiner gewohnten Route von der Linienstraße über die Zolastraße in die Torstraße einbiegen. Dann wäre ich in weiteren fünf Minuten zu Hause, wo ich mich noch einmal an den Schreibtisch setzen würde. Ich bemerkte in meinem Zustand nicht, dass die Fahrbahn der Linienstraße verbreitert wurde und deshalb in meiner Richtung gesperrt war. Prompt setzte ich das Auto in den Baustellengraben. Irritiert stieg ich aus und stellte fest, dass die Räder der linken Fahrzeughälfte zu tief in die Baugrube abgesunken waren, um den Wagen herauszufahren. Ich zündete mir eine Zigarette an und dachte kurz darüber nach, ob ich, jetzt, da der Karren ohnehin im Dreck steckte, noch ein Bier in der Kantine trinken sollte. Stattdessen rief ich den ADAC an. Ich schilderte meine missliche Lage, so gut ich konnte. Diese Leute sind solche Pannen gewohnt, sagte ich mir und legte auf. Der Abschleppwagen sollte, so der ADAC-Mitarbeiter, in dreißig Minuten an meinem Standort sein. 180 Euro für Nichtmitglieder.

Ich stand am Straßenrand und blickte müde zu der Granitbank der Bildhauerin Michaela Meise an dem kleinen Platz, den der spitze Winkel zwischen Weydinger- und Bartelstraße bildet. Die Sitzfläche schien mir verlockend. In diesem Augenblick kam von rechts, fast lautlos gleitend, ein Polizeiauto. Eine Polizistin stieg aus und fragte mich, was ich hier mache, und vor allem, warum mein Auto vor mir im Straßengraben liege. Ich gab ihr zu verstehen, dass mir ein kleines Malheur passiert sei, es bestehe aber überhaupt kein Grund zur Sorge, der ADAC sei bereits informiert. Über Funk orderte die Beamtin Verstärkung, und kurze Zeit später hielten mir zwei Polizisten einen Alkomaten unter die Nase. 1,6 Promille. »Das wird teuer«, hörte ich einen der Beamten murmeln.

Mein Auto wurde abgeschleppt und ich in einen Polizeiwagen gesteckt.

Ich wartete über zwei Stunden in einem kargen, fahl beleuchten Raum der Polizeiwache Moabit auf meine Blutabnahme durch den Amtsarzt. Neben mir beschimpfte ein betrunkener alter Mann die vorbeilaufenden Polizisten unablässig als »Fotzen« und »Arschlöcher«. Inzwischen war es drei Uhr nachts. Dennoch hielt ich mich halbwegs gerade auf der unbequemen Holzbank und schaute auf die bekritzelten Wände. Es roch nach Urin, der Betonboden war übersät von Schmauchspuren heimlich ausgetretener Kippen. Ich musste plötzlich an mein erstes Auto denken, einen 2CV, den ich mir nach dem Abitur gekauft hatte. Auf einer Rückfahrt von Freiburg nach Offenburg fing er kurz vor der Autobahnausfahrt heftig zu qualmen an. Ich rollte mit letzter Kraft vor das Haus meiner Eltern, stellte den Wagen ab und schaffte es sogar noch, meine Lederjacke, meine Gitarre und den Verstärker aus dem Kofferraum zu zerren, dann ging die Ente in Flammen auf. Unser Nachbar rannte auf die Straße und filmte das Geschehen stolz mit seiner neu erworbenen Videokamera. Mein Vater rief die Feuerwehr. Es war 1991. Kurz zuvor hatten Sonic Youth ihr Album »Goo« mit dem ikonischen Cover von Raymond Pettibon veröffentlicht. »I stole my sister's boyfriend. It was all whirlwind, heat, and flash. Within a week we killed my parents and hit the road.«

Ein knappes halbes Jahr nach meinem Besuch auf der Polizeiwache Moabit unterzieht mich eine überaus kompetente russischstämmige Verkehrspsychologin einer sanften Gehirnwäsche. Ich denke über mein Fahrverhalten nach, trinke vier Monate lang keinen Alkohol, büffele intensiv für den Idiotentest und überstehe die Festivalsaison im Nightliner dennoch erstaunlich gut. Glücklich und nüchtern liege ich nach den Auftritten in einer der Schlafwaben des Busses. Die frische Bettwäsche umhüllt mich wie geronnener Honig. Wir fliegen über die Betonplatten der süddeutschen Autobahn, der Rhythmus wiegt mich in den Schlaf: »Idiot. Idiot. Idiot. Idiot.«

INSHALLAH

With no baggage
Did I come and
Inshallah
With none
I shall return
Inshallah
The process that I'm in
Knows no ending
No beginning
With no baggage
Did I travel
Inshallah

Im Jahr 1986 fahre ich mit Alexander zu einer Jugendskifreizeit in ein Alpendorf, dessen Namen und genaue geo-
grafische Lage ich vergessen oder verdrängt habe, weil mir
bei dem Gedanken an den Ort immer noch unwohl wird.
Die Reise wird zum absoluten Tiefpunkt meiner Jugend.
Ich merke zu dieser Zeit, dass Alexander sich von mir ent-
fernt. Plötzlich hat er andere Freunde. Es sind keine Punks
oder Außenseiter, die sich – wie ich – in eine Ecke gepinselt
haben, aus der sie nicht mehr herauskommen, sondern junge,
dynamische Männer, die sich anschicken, die Karrieren und
reaktionären Ansichten ihrer Eltern früh zu überbieten. Ich
will Alexander an mich binden, er fehlt mir sehr, deshalb
rufe ich ihn mehrmals die Woche an, um mich mit ihm zu
verabreden. Ich möchte mit ihm Comics zeichnen und Aus-
flüge planen. Ich vermisse die Spaziergänge, auf denen wir
büchsenweise Tuborg-Bier in Rucksäcken mit uns schleppen, das wir, lauwarm und aufgeschüttelt, zwischen Nesseln
am Straßenrand oder unter den Brückenpfeilern am Bahndamm trinken. Nicht weit davon erheben sich die Wein-
berge und die Ausläufer des Schwarzwaldes. Ich möchte mit
ihm durch Tunnel aus Blättern laufen und auf den verlassenen Wegen Lieder von The Damned singen.
Just for you here's a lovesong.
Ich will ihn nicht verlieren, deshalb begleite ich ihn auf
die Skifreizeit, die ein Lehrer aus seiner Schule organisiert
hat. Ich kenne den Mann, denn ein paar Jahre zuvor waren

Alexander und ich in seinem Töpferkurs, wo er ständig wütend war und einen roten Kopf bekam, weil wir Dinosaurierfiguren aus dem feuchten Ton formten und nicht, wie von ihm verlangt, einen Kerzenständer mit »Tropfenfang«. Immerzu wiederholte er das Wort Tropfenfang, er muss davon regelrecht besessen gewesen sein.

Als wir nach einer langen und unbequemen Busfahrt auf der abgelegenen Almhütte ankommen, wird mir bewusst, dass ich in der Falle sitze. Die Skifreizeit entpuppt sich als ein nur notdürftig getarntes Verkuppelungsinstitut für Töchter und Söhne aus den sogenannten besseren Kreisen, wobei auf Geschlechtertrennung in den Schlafsälen mit Doppelstockbetten sorgsam geachtet wird, wohl um das gegenseitige Begehren noch zu erhöhen. Die Atmosphäre ist von einer verdrucksten Sexualität erfüllt, Anspielungen sind allgegenwärtig, denn hier soll zusammengeführt werden, was zusammengehört. Dazu passt, dass die Jugendskifreizeit eine Kaderschmiede ist, auf der jungen Menschen zwischen Hüttengaudi und Après-Ski das Herrenmenschentum eingebläut werden soll. Die Hälfte der Teilnehmer ist bereits bekehrt. Sie sind in der Schülerverbindung organisiert, einer grotesken Vorstufe zur Studentenverbindung, bei deren Sitzungen in irgendwelchen Offenburger Kaschemmen die Abscheu vor Linken, Schwachen und natürlich vor Ausländern zementiert wird und wo Ressentiments und großbürgerliche Überheblichkeit Triumphe feiern.

Bei den gemeinsamen Abendessen herrscht ein unangenehm jovialer Ton, nicht selten werden Witze auf Kosten von weniger attraktiven Jungen und Mädchen aus der Gruppe gemacht. Der Geruch eines Eliteinternats macht sich auf der Alm breit, ein prinzipienloses Nachäffen elterlichen Standesdünkels mischt sich mit der spießbürgerlichen Sehnsucht nach Rustikalität und Derbheit. Deshalb wird auch gesoffen, was das Zeug hält, schon morgens auf der Piste geht es los. Der Töpferkurslehrer mit dem Tropfenfang geht stets mit gutem Beispiel voran.

Damals schon stieß dieses Milieu mich ab, aber ich ahnte noch nichts von seiner Bedrohlichkeit.

Alexander bezaubert mit seinem Charme, ohne sich jemals auf das Niveau der Saufbrüder hinabzubegeben oder gar ihre politischen Ansichten zu teilen. Meine Eifersucht steigert sich ins Unermessliche. Bisweilen versuche ich unbeholfen, in das Geblöke miteinzustimmen und besonders deftige Sprüche zu machen, aber ich bin dabei wenig selbstbewusst, meine Kraftmeierei wirkt zwanghaft und neurotisch. Die Clique erkennt es sofort. Während ich noch glaube, sie lachen über meine Witze, lachen sie in Wahrheit über mich. Und obwohl ich weiß, dass diesem Typus Mensch zu misstrauen ist, will ich ihm dennoch gefallen.

Vielleicht betrinke ich mich deshalb eines Abends mehr als sonst. Wie immer werden Trinkspiele veranstaltet. Ich kann zunächst gut mithalten, aber bald schon verzerrt sich meine Wahrnehmung. Wie unter einer Käseglocke höre ich, wie Lieder von Udo Jürgens gegrölt werden. Die lachenden Gesichter werfen im Schein der Kerzen lange Schatten auf die getäfelten Wände. Katzen, Eulen, Marder und Füchse sitzen mir gegenüber, Ungeheuer mit Krallen und Schnauzen, die mich aus wilden Augen anstarren. Ich wünsche mich zu meinen Eltern zurück, versuche unbeteiligt zurückzustarren und schütte Bier in mich hinein.

Der Alkohol stärkt das Selbstvertrauen, aber schwächt meine Blase. Völlig zugedröhnt krabbele ich gegen Mitternacht in die obere Etage des Doppelstockbettes, wo ich neben Alexander einschlafe. Gegen drei Uhr morgens schießt der Urin aus mir heraus, während ich in komatösem Schlaf liege. Er durchnässt meine Hose, das Bettzeug, das Leintuch und die Matratze. Heulend vor Wut und Selbsthass laufe ich barfuß die Treppe hinunter zur Toilette. Durch die Schlafsäle schallt bereits das Lachen. Am nächsten Morgen folgt der Spießrutenlauf in den Frühstückssaal. Alexander schafft es mühelos, sich von mir zu distanzieren und mir gleichzeitig das Gefühl zu geben, er sei für mich da. In einem unbeobachteten Moment hält er kurz meine Hand. Mehr kann ich nicht verlangen.

Seit meinem vierzigsten Lebensjahr sind mir Kalk, Staub
und Krümel unerträglich. Lebte ich vorher in einer wissent-
lich und willentlich herbeigeführten Unordnung, mittels
derer ich mich vom bürgerlichen Streben nach Macht und
Kontrolle abzusetzen versuchte, sei es in meinem Jugend-
zimmer im Keller des Elternhauses, sei es im Fond meines
ersten Autos, sei es in meiner ersten eigenen Wohnung in
Barmbek, so änderte sich dieses Verhalten schlagartig ab
den Jahren 2010 ff. Mehr noch, es überkamen mich ein aus-
geprägter Ordnungszwang und Putzfimmel, auf deren Vor-
handensein mich zuerst meine Schwester hinwies, als ich sie
einmal um die Nennung meiner schlechten Eigenschaften
für eine psychologische Untersuchung bat.

So kann es seitdem passieren, dass ich nachts, wenn ich nach
Hause komme, zunächst sorgfältig meine völlig verrauchte
Kleidung zusammenlege, mir die Zähne putze und dann
Kalkreste von den Armaturen des Waschbeckens entferne.
Ich tue dies in der Gewissheit, dass ich erst ruhig schlafen
werde, wenn die quälenden Gefühle der Schande und der
Schuld getilgt sind.

Es ist bemerkenswert, dass die Kalkpanik abnimmt, je weiter ich mich von meiner Wohnung entferne. Außerhalb der
Stadt- oder Landesgrenze ereilt sie mich nur selten. Der
Irrgarten der eigenen vier Wände scheint die Angst erst
hervorzurufen. Allerdings führen das permanente Bücken
und Wischen in den Innenräumen zu einer gedanklichen

und körperlichen Beweglichkeit, die ich vorher an mir nicht gekannt habe. Und das Glück, das mir ein sauberes Waschbecken beschert, ersetzt die vergessenen Freuden der Jugend fast vollständig.

KÄSE

(für Henning Bohl)

Die großen alten Käse
Finden hier längst schon nicht mehr statt
Sie zerfließen denunziatorisch
Im eisigen Kadath
Die großen alten Käse
Verteilen die Kritik
Mit ihren Käsefüßen
Und ihren Tentakeln
Und ihren dreckigen Arschlöchern
Im grauenvollen Eis
Der Antarktis

L'ALDILÀ

An einem Nachmittag in den frühen achtziger Jahren fuhr ich auf dem Fahrrad vom Lifa-Kino in der Oststadt Offenburgs zurück nach Hause. Die Straßen waren nass, offensichtlich hatte es stark geregnet, während ich im dunklen Saal gesessen hatte. Auf dem Parkplatz vor dem Strandbad fuhr ich Slalom um die Nacktschnecken, die zu Tausenden auf dem Asphalt umherkrochen, als wären sie mit dem Regen vom Himmel gefallen. Ich strampelte und ächzte die Überführungen hinauf. Mein Kopf löste sich von den Schultern und flog vor mir her wie ein Geist, der weit in die Zukunft blickt, sich aber von Zeit zu Zeit nach dem Kind umschaut, das er einmal gewesen ist. Auf dem Fahrrad konnte ich ungestört Selbstgespräche führen, und ich befand mich in einem Zustand äußerster Erregung. Weniger des Kinderfilms wegen, für den ich mich schon zu alt gefühlt hatte, als wegen eines Filmplakats und den dazugehörigen Aushangfotos, die ich im Schaukasten erspäht hatte.

Der Film hieß »L'aldilà – Geisterstadt der Zombies«. Auf einem der Fotos waren zwei Menschen zu sehen, ein Paar offensichtlich, das Hand in Hand in ein Gemälde und von dort aus direkt ins Jenseits lief. L'aldilà. Aber es gab kein Jenseits. Weder zwischen den Hochspannungsmasten noch hinter dem bleichen Licht des Abends, das an den Pfeilern der Betonbrücke hing. Am nächsten Morgen musste ich wieder zur Schule. Die Sommerferien waren vorbei.

Wir waren am Ziel angelangt. Gestern Nachmittag hattest
du dich plötzlich zu mir heruntergebeugt. Ich konnte mich
an deinen Haaren festhalten, dann hast du mich mitgenom-
men in die Wolken, mit dem Wind.
Über Straßen, über Autobahnen, über Kreuzungen.
Über Städte.
Über Dörfer.
Über Lichtungen und Hochspannungsmasten.
Über den Bahndamm.
Über den Löwenzahn und den Schutt.
Über die Ödnisse.

In Spiralen.
In Kreiseln.
In Linien und Tangenten.
Ich erinnerte mich schlagartig an Dinge, die ich noch nicht
kennen konnte. Märchen aus der Zukunft.
Mir war bewusst geworden: Unser beider Leben führte un-
weigerlich hierher.

In der Dämmerung versuchten wir eine Abkürzung durch
das Dickicht zu nehmen, das jenseits des Rastplatzes wucherte. Glücklicherweise hatten wir – neben den Butter-
broten, die wir uns am Vorabend geschmiert hatten – ein
Taschenmesser in unserem Marschgepäck. Wir schlugen
uns eine Schneise und wateten durch den Unrat, den Gene-

rationen von Fernfahrern hinterlassen hatten. Es könnten mehrere Stunden gewesen sein, die wir im Wald verbrachten. Weiterhin von einer Abkürzung zu sprechen, wäre leichtsinnig gewesen. Unsere Ankunftszeit drohte sich zu verschieben. Über uns blinkten die Sterne und Satelliten, unter uns knackten die Äste. Mit an Starrsinn grenzender Beharrlichkeit stapften wir voran. Die phosphoreszierenden Pilze wiesen uns den Weg zu einem Betonrohr, das auf einer moosbewachsenen Lichtung halb in die Erde eingesunken und über und über mit obszönen Zeichnungen beschmiert war. Das Rohr war auf keiner Karte verzeichnet und schien uns zunächst wenig gastlich. Gleichwohl ließen wir uns nieder, denn wir waren müde. Der Weg war unmerklich angestiegen. Wir mussten uns auf einer Art Plateau befinden, hatten aber keinerlei Orientierung, denn unser Blick reichte nicht über die Baumwipfel. Wir krümmten uns in die Höhlung des Betons und aßen unsere Butterbrote. Vielleicht schliefen wir auch eine Weile. War dies ein sicherer Ort? Wohl kaum. Wie auf Kommando schreckten wir hoch, rappelten uns auf und marschierten schweigend nebeneinanderher Richtung Osten. Schließlich gelangten wir an den Zaun, der unsere Zone von der unbewohnten Welt trennte, und fanden rasch die Stelle, an der er niedergedrückt worden war. Dahinter lagen die mit Hafer und Hartgräsern bewachsenen Dünen und noch weiter dahinter der Strand.

Wir lagen und warteten.
Und warteten.
Der Mond war eine Apfelsine.
Deine Schulter schimmerte in seinem Licht. Die großen

Seehunde schwammen ans Ufer und tauschten vielsagende Blicke aus.

Am nächsten Morgen wurde ich vom Gezänk der Möwen geweckt. Das Meer war näher gekommen, das Wasser reichte nun fast bis an die Zehen. Spuren von Strandkrabben im Schlick. Verschlafen drehte ich mich um, du warst verschwunden. Neben mir ein Abdruck im feuchten Sand. Der Umriss eines Kindes mit ausgebreiteten Armen, wie ein Schneeengel. Von Weitem konnte ich, der Küste vorgelagert, den Leuchtturm erkennen.

Ödnisse

Dickicht

Beton ROHR

Leucht TURM

ZAUN

KÜSTE

Rastplatz

Plateau

ABKÜRZUNG

Autobahn

Mein Name sei Lotso.

Ich bin der Erdbeerbär aus dem Reich der Finsternis. Ich bin dein persönlicher Colonel Kurtz.

Du darfst mich knuddeln.

Ich bewohne das Spielzeugparadies.

Fahr den Fluss deiner Gedanken hinunter, bis du an die Biegung kommst.

Siehst du die Reihenhäuser im Nebel?

Siehst du das Feuerwerk?

Sag meinen Namen!

Sag meinen Namen!

Lowtzow.

L-o-w-t-z-o-w.

Lotso.

Ich falle dich an. Ich werde immer bei dir bleiben. Ich werde der Weltmeister der Quälgeister sein. Ich führe ein Terrorregime. Das ist keine Demokratie, langweilig wird es mit mir nie.

Ich stamme aus dem Dickicht hinter dem UCI Friedrichshain. Ich komme aus der Kanalisation gekrochen. Ich bin die Wildblumen und die Kräuter. Ich bin der Löwenzahn. Ich bin der Dschungel und die Helikopter. Ich bin dein Erdbeerbär. Ich werde dich immer lieben.

Solange ich lebe.

Ich werde hier sein, an allen deinen bösen Tagen. In Flausch und Braus.

Im Wahn.

Bevor du mich siehst, kannst du mich schon hören. Den Gesang des Tyrannen. Den Gesang des Tyrannen mit dem Lorbeerkranz. Den Gesang des Tyrannen mit dem Lorbeerkranz und dem ewigen Feuer. Bevor du mich siehst, kannst du mich schon riechen.

Das ist kein Kunststück.

Die Freaks und Geeks kennen mich.

Die Astronauten kennen mich. Die Bibliothekare kennen mich. Die Hunde auf der Straße kennen mich. Der Wurm kennt mich. Die verborgenen Innenhöfe kennen mich. In den Hostels kennt man mich, und im ICE.

Auf der Transitstrecke.

Ich bin stets zu Diensten.

Ich bin stets zu Diensten, wenn ich dich mit dir selber reden höre. Ich bin stets zu Diensten, wenn ich dich klagen höre. Ich bin stets zu Diensten, wenn ich dich weinen höre, in der Dunkelheit:

»Oh Erdbeerbär,

erbarme dich

auch meiner

tiefen Qualen.«

Dann

kannst du mich rufen.

Per App.

Ich verbrachte einige Zeit in einem Appartementhaus in Luzern, das in unmittelbarer Nähe zum Vierwaldstättersee lag; gleichwohl in einer der unattraktiveren Gegenden der Stadt, direkt neben einem modernen Gebäudekomplex, der an ein Krankenhaus oder eine andere Anstalt erinnerte.

Als ich am Abend meiner Anreise die Lobby des Appartementhauses betrat, schossen mir Zeilen eines Liedes von Reinhard Mey durch den Kopf, die ich als Kind im Fernsehen oder Radio aufgeschnappt haben musste. In dem Lied unterhielt ein Neurochirurg einen eigenen Friedhof neben seiner Praxis – »zur Prophylaxis«.

Ich hatte während der letzten Tournee unter nächtlichen Panikattacken gelitten, die teilweise von einer Überreizung meiner Nerven, teilweise von Cortisonmissbrauch herrührten. Meine Stimmbänder waren angeschwollen, doch das mir ärztlich verordnete Schweigegebot einzuhalten, war mir, wie sich denken lässt, unmöglich gewesen, deshalb hatte ich zu Cortison gegriffen, das jedoch als Nebenwirkungen ein starkes Ansteigen des Blutdrucks, Herzrasen und Angstzustände auslöste. Die Nähe der Luzerner Wohnung zum Spital kam mir nicht ungelegen. »Zur Prophylaxis«, summte ich leise vor mich hin, als ich die Tür aufschloss.

In der Schweiz wollte ich zur Ruhe kommen. Tagsüber machte ich Spaziergänge am See oder saß auf einer Bank in der Nähe des Spielcasinos. Es war für April ungewöhnlich warm, ein Klima fast wie im Sommer. Nur der Schnee auf den Bergen ringsum und ein vom Luzerner Gartenbauamt im Blumenbeet vor dem Casino zurückgelassener Stroh-Osterhase erinnerten daran, dass es gerade erst Frühling geworden war.

Anderntags saß ich lange vor dem Appartementhaus an einem Tisch, auf dessen Keramikplatte Zitate von Joachim Ringelnatz und Kurt Tucholsky eingraviert waren, rauchte oder las Zeitung. »Oh the Luzerner Zeitung ... and you never sold out«, singt Scott Walker betont reimlos. Und tatsächlich: Mochten alle anderen Blätter in den Kiosken der Stadt bereits vergriffen sein und die ihnen zugedachten Fächer in den Zeitungsständern leer – die »Neue Zürcher Zeitung«, der »Tages-Anzeiger«, selbst die seit geraumer Zeit unter rechtsradikaler Leitung stehende »Weltwoche« –, eine Luzerner Zeitung war doch immer zu bekommen.

Am Abend ging ich früh zu Bett und schlief bei geöffneter Balkontür ein. Die pakistanische Familie in der Wohnung unter mir war gerade heimgekehrt. Der Dunst ihrer Speisen wehte hinauf in meine Träume.

Ich war auf einem russischen Kreuzfahrtschiff, das unter dem Kommando einer bekannten österreichischen Sängerin vor der Krim dümpelte. Um der Langeweile der Abende an Bord zu entgehen, bildeten sich unerwartete Paarkonstellationen und Freundschaften, wie ich von meinem Liegestuhl aus beobachten konnte. Ich führte Gespräche mit einem blinden Geschwisterpaar, das ich, als die Zeit gekommen war, rechts und links untergehakt, zum Dinner in den großen Ballsaal führte, in dem die Capitana in Lederhosen das Bankett eröffnete, nachdem sie aus dem Stegreif eine Art Veitstanz vor uns aufgeführt hatte.

Am frühen Morgen stemmte ich mich aus dem Bett, schnürte die Schuhe und machte mich mit leerem Magen auf den Weg in die Vorstadt. Ich lief über Eisenbahnbrücken, an Kfz-Werkstätten vorbei und über zahllose Treppen und Stiegen in den Wald hinein. Bald erreichte ich ein Hochplateau und das Hotel Sonnenberg, in dem ich vor ein paar Jahren nach einem Festival übernachtet hatte. Die Bühnen waren auf dem nunmehr verlassen in der Morgensonne liegenden Schotterplatz aufgebaut gewesen.

Obwohl es schon auf Mittag zuging, war der Frühstücksbetrieb im Hotel noch in vollem Gange. Niemand nahm von mir Notiz. Erschöpft ließ ich mich an einem der Tische auf der Terrasse mit Blick auf die Miniatureisenbahn im Tal nieder und aß mehrere Scheiben Hefezopf, die ich mir vom Buffet geklaubt, mit Marmelade bestrichen und an meinen Platz geschmuggelt hatte. Der Geschmack erinnerte mich an Sonntage bei meiner Großmutter. Wenn meine Eltern übers Wochenende verreist waren und mich bei ihr abgegeben hatten, servierte sie mir morgens immer Hefezopf mit einer Tasse Kakao. Dann breitete sie eine beeindruckende Sammlung von Konfitüren in kleinen Portionsverpackungen vor mir aus, die sie den Etiketten nach zu urteilen in Schweizer Hotels hatte mitgehen lassen.

Im Winter sind die steinernen Figuren des Märchenbrunnens im Volkspark Friedrichshain zum Schutz vor Kälte und Nässe verhüllt. Der Anblick ist der allerseltsamste. Um den Brunnenrand sieht man nun, statt Dornröschen, Froschkönig und dem gestiefelten Kater, Holzkisten unterschiedlicher Größe. Erst im Frühling brechen die Figuren aus ihrer Ummantelung. Während ich im Sommer an dem Baudenkmal achtlos vorbeigehe, oft mit Einkaufstüten behängt, bleibe ich im Winter lange in der Anlage stehen und betrachte die schlichten Quader auf ihren Sockeln. Minimalistische Skulpturen. Als hätte ein Verpackungskünstler die Mensch- und Tierfiguren, die Hermen und Fabelwesen eingepackt, um Spaziergänger und Kinder auf ihre Existenz hinzuweisen.

Um die Jahrtausendwende wandere ich mit meinem Freund Jan Timme am Flüsschen Wandse im Osten Hamburgs entlang. An einem Wochentag, Dienstag oder Mittwoch, haben wir beide nichts Besseres zu tun. Es ist eine eigenartige Zeit, ich fühle mich oft einsam und in meiner eigenen Wohnung eingesperrt. Ich versuche diesem Zustand zu entfliehen, indem ich zwanghaft ausgehe. Oft überrede ich Barbekanntschaften, bei mir zu Hause weiterzutrinken, um der Stille zu entfliehen. Meine Tage beginnen meist verkatert und erscheinen mir endlos. Hamburg ist, nachdem sich dort so viele meiner Wünsche erfüllt haben, bedeutungslos und leer geworden. Ein Kaugummi, auf dem man zu lange

gekaut hat und aus dem jeglicher Geschmack gewichen ist.
Ich gehe täglich die gleichen Wege, von meiner Wohnung in
der Eifflerstraße das Schulterblatt hinunter, die Stresemannstraße entlang und über die Max-Brauer-Allee, vorbei an
der Tankstelle, bei der ich einen Großteil meiner Einkäufe
tätige, zurück in meine Wohnung. Wie ein Tier, das sein
Territorium durchkreuzt. Pfeile, Richtungen und Vektoren
in einem zu engen Gehege. Je vertrauter und dörflicher mir
Hamburg wird, je beschränkter und geheimnisloser, desto
mehr sehne ich mich nach unerforschten Gebieten und Zonen. Ich lese in Büchern über die situationistische Idee des
»Dérive«, des Umherschweifens, und träume davon, mich
in der Stadt zu verirren.

Ein Scherz
Im Labyrinth
Der Unvernunft
Macht uns gesund

Die Wandse entspringt außerhalb Hamburgs, und bevor sie
in die Alster mündet, durchfließt sie den Kuhmühlenteich.
An seinem Ufer liegen sowohl die Hochschule für Gestal-
tung, an der Arne Zank Illustration studiert hat, als auch
die Hamburger Hochschule für bildende Künste. An einem
der Außenfenster der Hochschule hat Jan Timme eine ana-
morphotisch verzerrte Uhr angebracht, seine Diplomarbeit.
Je nach Standort inner- oder außerhalb des mächtigen Ge-
bäudes läuft die Zeit also vor- oder rückwärts.
Er will mir zwei Sphingen zeigen, große Sandsteinskulp-
turen, die sich am Eingang des Eichtalparks in Wandsbek

befinden. Das sei ein verwunschener Ort und für ihn von großer Bedeutung. Wir laufen schnellen Schrittes durch das Eilbektal, die Uferstraße entlang, vorbei am Heinskamp, in dem ich meine erste Wohnung in Hamburg bezog. Ich kam 1993 hierher, nach Barmbek, in den uncoolsten Stadtteil. Die Hamburger Geografie war mir gänzlich unbekannt. Nach meinem misslungenen Versuch, Schauspieler zu werden, schrieb ich mich spontan für »Jura II« ein, ein vom Hamburger Senat geschaffener reformierter Studiengang, der »RAF-Anwalt« zum Ausbildungsziel hatte, wie ich heute denke. Dort traf ich auch Jan Müller, der mit einer Plastiktüte in der Hand während der Orientierungseinheit verwirrt durch die Gänge des Uni-Hauptgebäudes am Dammtor schlurfte. Seitdem verbrachten wir fast jeden Tag gemeinsam. Oft lief ich auf dem Nachhauseweg von der Uni durch das nahe gelegene Einkaufszentrum in der Hamburger Straße, eine Shopping Mall nach amerikanischem Vorbild. Le flaneur du Mall. Ich aß dann in einem schmuddeligen China-Imbiss gegenüber der U-Bahn-Station zu Mittag. Bratnudeln mit Gemüse. Vom Geschmack des Glutamats konnte ich nicht genug bekommen. Er blieb mir lange im Mund haften, während ich auf dem Teppichboden meiner Wohnung saß und die englischen Texte meiner Lieder ins Deutsche übertrug. Das Glutamat war mein Treibstoff.

Vom Gehen schon leicht erschöpft und schwindelig im Kopf vom vielen Reden, kreuzen wir die S-Bahn-Station Friedrichsberg. Ich erinnere mich, wie ich einmal spätabends nach der Bandprobe die S-Bahn dorthin nahm. Es hatte schon seit Tagen geschneit, und ich stapfte mit meiner

Gitarre durch die Schneeschicht im Eilbektal. Die Laternen wiesen mir den Weg und reflektierten im strahlenden Weiß. Ich trug in mir das gleiche diffuse Glücksgefühl, das ich als Kind verspürte, wenn ich abends durch die beleuchteten Waldwege des Wintersportortes nach Hause lief, nachdem ich mich im Zeitschriftenladen herumgedrückt und dort heimlich bizarre französische Comics durchgeblättert hatte.

Fünfhundert Meter weiter liegt rechts am Weg der alte Jüdische Friedhof Wandsbek. Wir blicken durch die Eisengitterstäbe auf die Grabsteine. Jan murmelt: »Hummelparadies.« Endlich erreichen wir den Eichtalpark und werden von den Sandsteinsphingen begrüßt. Sprungbereit sitzen sie auf ihren Sockeln. Der rechten fehlt die Nase, weshalb sie der großen Sphinx von Gizeh ähnelt, der ein fanatischer Ikonoklast im Jahre 1378 ebendiese abgeschlagen haben soll. Vandalismus. Wir betreten den Park durch das von Unkraut überwucherte Eingangsensemble. Schatten schleichen die Mauern der ehemaligen Bedürfnisanstalt hinauf, langsam verglimmt die Herbstsonne. Noch sehen wir das Halbrund der neu gebauten »Wandse-Wohnanlagen« durch die Bäume schimmern, dann verschwindet es im Dunst. Vor uns liegt der Eichtalteich, in unserem Rücken schneidet ein Wetterpilz wie ein gerade gelandetes Ufo den Weg ab. Hier endet die Stadt. Das Ausflugsrestaurant hat heute Ruhetag. Wir verlassen den Park durch den Ausgang Ahrensburger Straße, zurück nach St. Pauli nehmen wir ein Taxi.

Ein paar Jahre später werden Jan Timme und sein Freund, der Fotograf Alexander Rischer, der Sphinx am Eichtalpark in einer Kunstaktion eine neue Nase anheften und dies auf einem Bild festhalten. Ich bin zu dieser Zeit schon nach Berlin gezogen und irre in der Dämmerung zwischen den Figuren des Märchenbrunnens umher.

In Berliner Wohnungen konnte sich ein feuchtes Klima bis weit in den Sommer hinein festsetzen. Wie oft hatte ich noch im Juni Flechten von den Wänden gekratzt. Ich starrte aus dem Fenster und steckte mir eine Zigarette an. In den Kinos der Stadt nahmen die letzten Science-Fiction-Fans langsam ihre 3-D-Brillen ab und traten den Heimweg an. Vereinzelte Passanten führten ihre Hunde über den Gehweg.

Ich warf mir meinen Trenchcoat über und trat auf den Balkon, um Nachtluft zu atmen. Vor einiger Zeit hatte mir Carla, die Tochter eines befreundeten Ehepaares, ein Vogelhaus gebastelt. Ich hatte mich über das Geschenk gefreut, ihm aber keine weitere Beachtung geschenkt, nachdem ich es auf dem Balkon installiert hatte. Doch in dieser ansonsten ungewöhnlich stillen Nacht drangen Töne aus der Holzkonstruktion an mein Ohr. Ungläubig beugte ich mich hinunter. Ich hörte Gesang, leise und gedämpft. Vorsichtig hob ich den Deckel des Vogelhauses ab. Auf dem Boden des Quaders drängten sich sechs frisch geschlüpfte Meisen mit zerzaustem Gefieder aneinander. Überrascht blickten sie mich an. Offensichtlich fühlten sie sich ertappt. Ich wusste nicht recht, wie ich mich an sie wenden sollte, und brachte demzufolge nur ein verdruckstes »Hi, Leute« heraus.

»Hi, Dirk«, piepste es zurück. »Wir sind hier mitten in einer Gesangsprobe. Warum hörst du nicht ein Weilchen zu?«

Ihre Stimmen sortierten sich erneut, und den Schnäbelchen entwichen Tonfolgen, die mich sofort in ihren Bann zogen. Für einen Moment blickte ich über die Brüstung in die Nacht. Ich sah keine Stadt mehr, kein vertraut schimmerndes Licht. Selbst die Häuser auf der anderen Straßenseite waren übermalt von Dunkelheit. Alles war vom Gesang der Meisen erfüllt. Ich lauschte. Um mich das chaotische All. Für gewöhnlich bin ich ungeduldig und fahrig, in diesem Augenblick jedoch konzentrierte ich mich ganz auf die Musik, die Zeit schien stillzustehen. Nach und nach konnte ich eine Struktur in den wimmelnden Tönen erkennen. Bald schon hatte ich den vollständigen Text des Liedes herausgehört:

>>Wir hör'n dich nachts
Über Dielen gehen
Du läufst hier wie irr herum
Und rauchst die zehnte Zigarette
Innerhalb der halben Stunde
Die dir bleibt
Bis dich das Licht vertreibt<<

Donnerwetter! Die Typen scheinen bestens über mich informiert zu sein. Ob's Spione sind? Das muss ich Carla erzählen, spukte es mir durch den Kopf, derweil sich die Melodien vom Grund des Vogelhäuschens weiter verästelten. Kurz schien es, als würden die Töne aus dem Haus übers Dach jagen, den Schatten der Katzen nach, die sich dort sammelten, um von den Schornsteinen gemeinsam zum Mond zu fliegen, wie sie es seit Urzeiten zu tun pflegen.

Dann kam es mir vor, als würden die Notenlinien die Brüstung hinabgleiten, wie Tausendfüßler an den Schnürsenkeln in meine Hosenbeine flutschen und über die Nackenlinie direkt in mein Ohr krabbeln. Ein feuchter Film legte sich auf meine Haut. Umso tröstlicher klangen die Worte der Meisen:

>»Komm zu uns
Wo wir wohnen ist bekannt
Komm zu uns und
Lass die Flechten
An der Wand
Komm zu uns
Wir setzen uns
In deine Hand
In der Stunde
Die uns bleibt
Bis uns das Licht vertreibt«

Tatsächlich dämmerte es bereits. Nach und nach verstummten die Stimmen, bis zuletzt nur noch ein fahles Pfeifen übrig blieb. Behutsam hob ich den Deckel wieder auf das Vogelhaus und zog mich auf Zehenspitzen in die Wohnung zurück. Ein letzter verstohlener Blick, dann schloss ich die Vorhänge.

MODER

Ich wollte meinen Hunger stillen
Um des lieben Friedens willen
Hat man mir Moder angedreht
Essenzen der Konformität

Ich hab nur einen Schluck genommen
Und war schon innerlich geronnen
Doch dein wilder Blick erreicht
Dass Angepasstheit aus mir weicht

Ich hab noch einen Schluck genommen
Und dafür Zustimmung bekommen
Doch dein Lächeln hat erreicht
Dass der zähe Schleim erweicht

Ich sah die Fotografie zum ersten Mal im Schaufenster der Librairie des Colonnes auf der Avenue Pasteur. Ich starrte sie minutenlang an. Für mich war sie die bedeutendste Sehenswürdigkeit der marokkanischen Hafenstadt Tanger. Meine Freundin Jutta drehte dort »Maroc en vogue«, einen Dokumentarfilm über eine junge Modedesignerin. Ich war ihr aus Berlin nachgereist, um einerseits der Winterkälte zu entfliehen, andererseits einem Zustand permanenten Aufgewühltseins, weil die Veröffentlichung eines neuen Albums unmittelbar bevorstand. Gleichzeitig träumte ich mich in die so alberne wie verführerische Vorstellung hinein, als verspäteter Nachkomme der Beat Generation durch die ehemalige Interzone zu streifen.

Mehrmals täglich lief ich an dem Schaufenster vorbei, teils aus Zufall, wenn ich von meinen erfolglosen Versuchen, das Anwesen Yves Saint Laurents zu finden, zurückkehrte, teils in voller Absicht, um das Bild erneut zu betrachten. Drei weitere Tage vergingen, in denen ich stundenlang in einem der zahlreichen Cafés saß und süßen Minztee trank. Ich war erfüllt von einer inneren Ruhe, wie ich sie nie zuvor verspürt hatte und selten danach verspüren sollte. Schließlich raffte ich mich auf und betrat die Librairie, um nach dem Preis des Bildes zu fragen, unsicher, ob es überhaupt zu verkaufen sei. Der Buchhändler, ein würdevoller Mann, der mir wie der Hüter eines Schatzes oder mindestens eines Geheimnisses vorkam, verneinte zunächst, überließ mir jedoch, nachdem ich mich des Handelns würdig erwiesen hatte, das Bild für 250 Dirham, weil er mich ganz offensichtlich für verrückt hielt.

Hinter Glas ist ein leicht verpixeltes Schwarz-Weiß-Porträt mit Tesafilm auf vergilbte Pappe geklebt. Es zeigt einen sehr schönen jungen Mann im Profil mit pomadierten schwarzen Haaren. Eine Frisur, wie amerikanische Filmstars sie in den fünfziger und sechziger Jahren trugen. Schwarz gekleidet, ein schwarzes T-Shirt, eine schwarze Hose, liegt er lässig auf dem Bett, dessen Kopfende aus Korbgeflecht besteht. Neben sich ein geöffnetes Tonbandgerät, die Abdeckung liegt dahinter. An ihrem Rand lehnt ein Mikrofon. Der Mann spricht offensichtlich etwas in diese Richtung, es ist auf den ersten Blick nicht ganz ersichtlich. Neben der Spule des Tonbandgerätes steht ein Keramikaschenbecher mit Zigarettenstummeln. Hinter dem Mann, am Kopfende, wurde ein Kissen zu einem Bergmassiv zusammengeknautscht.

Unter dem Foto, in schmuckloser Schrift: »Mohammed Mrabet recording, Tangier, 1965«.

Entfernte man das Komma zwischen »recording« und »Tangier«, entstünde der Eindruck, der berühmte Poet und Maler, Freund Paul Bowles' und Brion Gysins, würde in der dargestellten Situation nicht eine seiner fantastischen Geschichten aufnehmen, sondern die Stadt Tanger, in der er bis heute lebt, mit all ihren Geräuschen und Stimmen.

»Muzik« von DJ Pierre ist das beste Lied, das jemals geschrieben wurde.

NEIN

Ich kann die Welt von oben sehen
Kann alle Sprachen verstehen
Ich kann die Kämpfe nachvollziehen
Ich brauche Tulpen und Benzin

Verbeugung und Agonie
Farce und Tragödie in meinem Knie
Ich kann die Krämpfe nachvollziehen
Parfum und Aspirin

Wir werden Welten von oben sehen
Lassen aufs Neue alles stehen
Werden wir jemals zufrieden sein
Nein Nein Nein

Mitten in der Nacht stehe ich auf. Barfuß laufe ich über den Flur, der mir ungewöhnlich lang vorkommt. Das Mondlicht kitzelt die Dielen, kleine, scharfkantige Gegenstände stechen in meine Fußsohlen. Auch höre ich ein leises Knacken. Knäckebrotkrümel. Vermutlich ist der Operettenbär hier gewesen und hat, während ich schlief, seinen Hunger an meinen Vorräten gestillt. Mit seinen Tatzen hat er in die halb offene Packung im Schrank gegriffen und sich mehrere Scheiben auf einmal ins Maul gesteckt. So muss es gewesen sein, denke ich. Er summt und singt seine Arien mit vollen Backen, während er nachts durch meine Wohnung wandert. Er prustet dabei Knäckebrotkrümel in hohem Bogen auf den Boden, wobei die Auswurfmenge je nach Tonart seines Gesangs variiert. Ich finde das unhygienisch, doch die Krümel sind mir eine willkommene Orientierungshilfe. Denn wo einst eine Badezimmertür war, tut sich jetzt ein Gang auf, wo ein Gang war, ist nun eine Tür. Hauptwege und Nebenwege verzweigen sich und münden in Schächte und Kamine. Bald sprießen Wurzeln aus den Dielen, bald glaube ich, modrige Erde zu riechen. Ein Labyrinth? Ein Dachsbau? Wie bin ich hier hineingeraten? Und vor allem, wie finde ich wieder hinaus? Von Weitem höre ich ein Brummen, einen fahlen Singsang, eine lockere Tonfolge. Ist das nicht eine Melodie von Jacques Offenbach? Bitte hilf mir, Operettenbär!

Nachts, wenn ich in unruhigem Schlummer liege, erscheint mir der Operettenbär. Er kraxelt vom Mond herab, durch den Schornstein, in die Rohre des Mietshauses. Von Weitem dringt sein süßlicher Gesang an meine Ohren. Zunächst klingt seine Stimme blechern, als wäre er im Heizkörper gefangen. Dann wird sie deutlicher, aus dem Augenwinkel sehe ich ihn in mein Zimmer schleichen. Er trägt eine Uniform und einen Hut mit einem weißen Federbusch. Schon stimmt er ein Lied von Gilbert und Sullivan an, »I am the very model of a modern major-general«, ein zungenbrecherisches Stück Musik, dessen Text oft verballhornt wurde, etwa zu »I am the very model of a modern homosexual«. So viel steht fest: Der Operettenbär fühlt sich bei mir ganz wie zu Hause, und ich muss zugeben, er hat einen schönen Bass. Sein frohes Gebrumm macht mich glücklich, es ist, als hätte man einen Ofen in einem nachtkalten Zimmer entfacht. Schon krabbelt er zu mir ins Bett und hält mich fest in seinen Tatzen. Das geht mir fast etwas zu weit, doch ich lasse es geschehen.

Nachdem ich an einem späten Abend im Oktober fünfundzwanzig Mal hintereinander »Ostkreuz« von DARKSTAR
gehört hatte, ein Musikstück von nur etwa zwei Minuten
Länge, fünfundzwanzig mal zwei Minuten ergaben fünfzig Minuten, nachdem ich also fast eine Stunde lang »Ostkreuz« gehört und dabei gedacht hatte, dass das Schöne an
CDs war, dass man ein einziges Lied endlos lange wieder-
holen konnte, ohne die Nadel neu anzusetzen, erhob ich
mich von meinem Schreibtisch und brach wie ferngesteuert
zu Fuß in Richtung S-Bahnhof Ostkreuz auf, um vor Ort
den außerweltlichen Resonanzen des DARKSTAR-Sounds
nachzuspüren.

Mir kam die junge Laura Tonke in den Sinn, die in dem
gleichnamigen Film von Michael Klier in einen schwarzen Anorak gehüllt zu den Klängen des Gitarristen Fred
Frith eine Art Leiterwagen über Schuttlandschaften und
Müllhalden am Ostkreuz zieht. Ich hatte glücklicherweise
keinen Wagen zu ziehen, trug aber einen Anorak, denn es
war um diese Uhrzeit bereits empfindlich kalt. Der Himmel war sternenklar. In Richtung des S-Bahn-Rings und
an den Rändern der Stadt nahm die Lichtverschmutzung
deutlich ab. Ich konnte mich ohne Probleme orientieren,
so wie die großen Entdecker und Südseefahrer Jahrhunderte vor mir. Elfie, so heißt Laura Tonkes Alter Ego, läuft
mit ihrer Mutter durch ein Plattenbauensemble, das sich
am Rand Berlins vor dem Horizont auftürmt, eine Öd-

nis ohne Straßenanbindung in einer Wolke aus Kohle und Staub.

Als ich den Film in den frühen neunziger Jahren im Kino sah, konnte ich nicht glauben, dass ein solcher Ort in Deutschland existierte. Allenfalls hätte ich ihn im Jugoslawien der Sechziger verortet, in Zagreb, wo Orson Welles seine Version von Franz Kafkas »Prozess« spielen ließ. Ich war damals gerade erst aus dem Badischen nach Hamburg gezogen und hatte die Kneipenlandschaft rund um die Reeperbahn für mich entdeckt. Wie wenig ich wusste, wie naiv ich war und wie entsetzlich altklug. Wie begrenzt meine Welt. Überschreitungen waren aufregend und wurden sehnsuchtsvoll erwartet. Man erzählte mir, dass Menschen klopfenden Herzens eine verborgene Markierung kreuzten und sich unvermittelt in einer anderen Geografie oder Epoche wiederfänden. Schleusen öffneten sich. Man musste aufpassen, dass man sich nicht verirrte oder in Senkgruben rutschte, aus denen man nicht mehr herauskam, weil sich giftige Pflanzen um einen schlangen. Etwas ist seitdem verloren gegangen.

Ich kürzte meinen Weg über die Hundewiese ab, auf der bis vor Kurzem noch der provisorische Rewe-Supermarkt gestanden hatte. Ich führte Selbstgespräche und kramte dabei in den Taschen meines Anoraks nach Zigaretten. Stattdessen fand ich ein halbes Bounty. Der Nachtbus sauste mir entgegen, als ich auf der Brücke über die Bahngleise lief. Von meiner erhöhten Position aus konnte ich die Bewaldung des Jüdischen Friedhofs Weißensee erkennen. Bäume bogen sich im Wind. Im Sommer war ich diesen Weg wöchentlich gegangen, die Kniprodestraße entlang und rechts ins Industriegebiet, wo in einem Plattenbau neben einem Carport meine Idiotentest-Beraterin, Natalia Karamasow, ihren Kurs abhielt. Nun war ich schon wieder hier, wie ein Verbrecher, den es unwiderstehlich an den Tatort zurückzieht. Minutenlang verharrte ich auf der Verkehrsinsel vor dem neu errichteten Hotelgebäude. Die Fußgängerampel hatte längst auf Grün geschaltet, doch ich stand wie erstarrt. Mit einem Mal kam mir meine Unternehmung unsinnig vor, ein Narr war ich. Immer deutlicher hatten sich in den letzten Minuten Bezichtigungen in die Selbstgespräche gemischt, zuletzt schmatzend, des Schokoriegels wegen.

»Warum läufst du spät am Abend mutterseelenallein zum Ostkreuz?«, hörte ich mich sagen.

»Tust du es für ein Musikstück? Für einen Film? Du tust es für Laura! Du bist verrückt geworden. Abgesehen davon hättest du genauso gut das Auto nehmen können. Jetzt, wo du wieder fahren darfst.«

Eine tote Maus rollte vor mir über den Asphalt. Mitten auf der Landsberger Allee, einige Kilometer vor dem Ostkreuz, verließ mich der Mut und ich kehrte um.

PARK

Der Park war eine Fiktion. In seiner Mitte thronte, majestätisch und trotzig, die Villa, von deren Terrasse aus man weit über die Vorstadt blicken konnte. Auch die Grotte mit den künstlichen Felsen war ein Versprechen. Von hier aus konnten sich erfahrene Träumer in fremde, weit gefährlichere Gefilde vorwagen. Je näher der Abend kam, desto stärker breitete sich Unruhe auf den Haupt- und Nebenwegen, den Bänken und den Stufen zwischen den erst kürzlich angelegten Weinbergen aus. Hier und da wurden Stimmen laut, die befürchteten, dass die Tore des Parks in Kürze geschlossen würden. Andere glaubten gehört zu haben, dass ein Hochplateau in einem bis dato unbekannten Teil des Geländes aufgeschüttet worden sei.

Natürlich wuselten die Eichhörnchen herum und verbreiteten die wildesten Gerüchte. Hunde blieben stehen und nahmen Witterung auf. Nur die hartnäckigsten Liebhaber der europäischen Gartenbaukunst wollten die Atmosphäre der Veränderung nicht wahrhaben. Auch mir war zunächst nicht aufgefallen, dass das Bootshaus geschlossen und die Bänke des Biergartens mit Absperrband umwickelt waren. Jetzt gab es allerdings keinen Zweifel mehr: Das Ancien Régime hatte aufgehört zu existieren. Zwischen den Schienen der Miniatureisenbahn breiteten sich bereits Löwenzahn und Sauerampfer aus, in den Beeten schienen Brennnesseln die Macht übernommen zu haben. Glitzernde Sporen segelten durch den Nachtwind. Seine einstige Pracht und

Größe würde der Park nie wieder erreichen können, so viel stand fest. Bald würde der Morgen kommen, und mit ihm die Fremdheit.

Wenn ich mit dem Fahrrad zur Schule fahre, in der dunklen Unterführung oder auf der Brücke, wenn ich mich im Gegenwind abstrampele, werde ich oft von Gleichaltrigen als »Schwuler« beschimpft. Der Gang durch die Kleinstadt gleicht einem Spießrutenlauf, denn auf den Drahtgeflechtbänken der Fußgängerzone, zwischen den Betonkugeln und den Blumenkübeln, sitzen breitbeinig die Peiniger und warten auf mich. Das ist demütigend und schüchtert mich ein. Aber es führt auch dazu, dass ich meine Andersartigkeit mit Stolz zur Schau stelle, dass ich Beleidigungen geradezu provozieren will. Ich bin vierzehn, als ich in die Einliegerwohnung im Keller meines Elternhauses ziehe. Ich bekomme eine E-Gitarre, zunächst leihweise, dann darf ich mir ein billiges japanisches Modell im Musikhaus aussuchen. Ich spiele jeden Tag und beginne, erste Songs zu schreiben, in einer an Englisch angelehnten Fantasiesprache. Dort unten in meinem Schutzraum träume ich mich in Popstarvisionen hinein. Auf die weißen Innenhüllen, die ich aus den Schallplatten meiner Eltern ziehe, zeichne ich mit Filzstiften Cover für meine imaginären Bands, die je nach Stilrichtung die passenden Kostüme tragen.

David Bowie ist mein Held. Er feiert zu dieser Zeit sein Comeback mit den Singles »Let's Dance« und »China Girl«, seine Lieder laufen im Radio. An einem Samstagnachmittag bringt mir mein Vater zwei ältere Alben Bowies aus der Schallplattenabteilung des Supermarkts »Neu-

kauf« mit, die dort verramscht werden. »The Rise and Fall of Ziggy Stardust and the Spiders from Mars« und »The Man Who Sold the World«. Die Musik auf den Alben unterscheidet sich deutlich von seinem aktuellen Stil, sie ist düster und aufwühlend, der Gesang exaltiert und dramatisch. David Bowies frühe Inszenierung als außerirdisches Zwitterwesen begleitet mich beim Übergang meiner kindlichen Begeisterung für Science-Fiction-Geschichten in die jugendliche Pop-Versessenheit. Ich bin ein bisschen verliebt in Peter O'Toole als »Lawrence von Arabien« im gleichnamigen Film von David Lean. Der britische Schauspieler erinnert mich an Figuren aus japanischen Zeichentrickserien. Um die großen blauen Augen trägt er Mascara, seine Haare sind erkennbar blondiert. Er ist von linkischer Gestalt und spricht in gespreiztem Tonfall. Peter O'Toole wirkt in dem Historienschinken über den arabischen Aufstand während des Ersten Weltkriegs als britischer Colonel T. E. Lawrence erkennbar deplatziert. Als würde Ziggy Stardust durch ein Meer aus Sand reiten.

Ist England ein Wüstenland?, fragt ihn an einer Stelle sein Beduinenführer sinngemäß.

Nein, ein fettes Land. Mit fetten Menschen.

Du bist nicht fett.

Nein, ich bin anders.

Ein entfernter Bekannter meiner Eltern, der eine Herrenboutique im nahen Kurort Baden-Baden betreibt, schenkt mir eine mit Strass bestickte Jeansjacke. Sie wird sofort vor mir versteckt, aber ich entdecke sie tief vergraben in den Kleiderschränken in unserem Hobbykeller. Ich trage sie zusammen mit einem alten Schottenrock meiner Mutter, schweren Wanderschuhen, gelben Burlington-Socken und einer pinken Sonnenbrille. In dieser Aufmachung stolziere ich zunächst um den nahe gelegenen Baggersee, wo mich außer ein paar Rentnern, die mich ungläubig anstarren und altes Brot an die Tiere des Streichelzoos verfüttern, niemand bemerkt. Später werde ich mutiger und schlendere derart kostümiert durch die Innenstadt, aber nur, wenn ich sicher sein kann, meinen Eltern nicht zu begegnen. Ich möchte testen, wie weit ich gehen kann, und ich will dafür geliebt werden. Stattdessen ziehe ich Hass auf mich. Doch die von den Bänken gezischten Beleidigungen genieße ich nun fast. Sie geben mir Gewissheit, und wenn ich es vorher noch nicht wusste, dann weiß ich es jetzt: Es gibt kein Zurück mehr. Ich habe aber auch die Hoffnung, dass es da jemanden gibt, jemanden, der mich erkennt, der mich an der Schulter fasst und sagt: Du bist ja genau so, wie ich mir mein Leben vorstelle. Oder: Du bist genau wie ich, du bist mein Spiegel.

PHANTOM

(Nach João Pedro Rodrigues)

Black Beauty. Ein guter Name für ein Phantom. Er verweist auf den Ganzkörper-Latexanzug und auf das dafür geeignete Poliermittel.

Black Beauty bewegt sich geschwind wie eine Sichel als glänzende Silhouette durch das Mondlicht. Ein Phantom befreit sich selbst. Heimlich feilt es seine Handschellen am Schraubstock auf der Werkbank auseinander, öffnet die Garage und hastet im Schutz der Dunkelheit zum Gartentor. Die erste Brigade der Müllmänner durchstreift bereits das Stadtviertel, in dem es seit seiner Jugend lebt. An einer Kette vor der Hütte, vor sich einen Blechnapf mit Wasser, döst der Dobermann der Familie. Das Phantom schleicht behände an dem Scheusal vorbei, öffnet mit einer gekonnten Bewegung den Riegel des Tors und schlüpft hinaus.

Sterne und Laternen. Die Seele gleicht einem Pfeil, die Bewegung einem Blitz. Die Gedanken verteilen sich im Weltraum.

In den Ritzen zwischen den Bodenplatten auf dem Gehweg verläuft eine Ameisenstraße. (Sektor 3 auf der Insektenweltkarte) Das Phantom erinnert sich, dass es als Kind an brütenden Sonntagen Klebstoff aus einer Tube in die Ritzen drückte und die Füllung anschließend mit Streichhölzern anzündete. Hunderte Ameisen verendeten in einem flammenden Inferno. Danach war es deprimiert, kauerte reglos auf dem Bordstein und zupfte an seinen Socken. Darum lässt das Phantom nun übertriebene Vorsicht walten und achtet darauf, die Ritzen nicht zu betreten. Es hüpft wie ein Gummiball von Platte zu Platte. Sein Körper scheint organlos zu sein, als wäre er vollständig aus Latex gegossen. Bald hat das Phantom die Grenze unseres Viertels erreicht. Zwischen den parkenden Autos huscht es den Ausfallstraßen entgegen. Es bahnt sich einen Weg durch die Böschung hinunter in den ausgetrockneten Abwasserkanal. Zu groß ist das Risiko für einen Spaziergänger aus schwarzem Latex, von einem der vorbeirasenden Monstertrucks erfasst zu werden. Von nun an wählt es seine Schritte mit Bedacht, denn zwischen Efeu und Beton verstecken sich rostige Spiralen, Schrauben oder Muttern, die sich durch die Schuhsohlen bis ins Fleisch bohren können. Jenseits des Kanals beginnen graue Wiesen und verlieren sich im Hügelland. Einsam schreitet das Phantom über das Feld und hinein in das Grenzgebiet zwischen Nacht und Tag. Flugzeuge starten in den nahenden Morgen. Hier, in Stille und Einsamkeit, liegt für das Phantom die wahre Seele der Stadt. Nach Orten wie diesen hat es Heimweh, wenn es für längere Zeit im Ausland herumspukt. Dann sieht es, von fernem Flutlicht angestrahlt, die riesige Mülldeponie. Es erklimmt eine Anhöhe, auf deren Kamm ein Zaun verläuft. Durch die Maschen hindurch sieht es den Lastwagen zu, die es noch vor Kurzem überholt haben. Drachen mit glühenden Augen, die sich aufreizend umkreisen und dabei einer einstudierten Choreografie folgen. Knattern, Schnaufen und Hupen. Der staubige Boden wird aufgewirbelt.

Wie ein Hund gräbt sich das Phantom unter dem Zaun

hindurch und rutscht die Senke hinab. Das Schwarz seines Latexanzugs ist stumpf geworden, an einigen Stellen ist die zweite Haut gerissen. Davon unbeeindruckt watet es durch ein Meer von Plastiktüten über die Tiefebene zum Verwaltungsgebäude und zwängt sich schließlich durch ein halb geöffnetes Kellerfenster. Eine Katze flieht. Das Phantom klemmt sich zwischen die Heizungsrohre und schläft dort sofort ein.

Gegen Mittag erwacht es. Rollt sich auf den Boden. Pellt seine schweren Glieder aus dem Latex. Schleicht nackt in einen der Duschräume. Seift sich gründlich ein. Leckt Wasser von den grünlichen Kacheln. Kriecht auf allen vieren hinaus. Erreicht die Hintertür und verschwindet zuletzt in einem Lichtfleck.

Wenn ich frühmorgens im Halbdunkel die Augen aufschlage, fällt mein erster Blick auf ein Ausstellungsplakat
von Jack Smith. Darauf sind zwei Stofftier-Äffchen zu sehen,
die als Piraten kostümiert wurden. Oder als Piratinnen?
An den Plüschohren tragen sie stolz goldene Kreolen, um
die fusseligen Köpfe haben sie Tücher gewickelt. Sie sind
mit Tand und Glitzerkram behängt, mit Strass und Paillet-
ten. Flaming creatures. Ihre Augen sind mit Kajal umrandet.
Haben sie vergessen, sich abzuschminken? Oder haben sie
die Nacht durchgemacht?
Die gelbe Schrift auf dem Plakat verheißt: EXTRA TROU-
BLE.
In der Tat, die Affen sehen verrucht aus. Aber sie lächeln.
Immerhin. Sie drehen Pirouetten, sie umarmen sich, sie
knutschen, aber fast scheint es, als würgten sie sich dabei.
Ich kann die beiden auf ihrer seltsamen Bühne von allen
Seiten betrachten, denn jedes der vier Fotos zeigt einen an-
deren Blickwinkel.
Sind Träume aus Plüsch? Wenn zu dieser frühen Stunde
eines der Äffchen aus dem Bild herausträte und mir einen
Kaffee brächte – wie schön wäre das! Aber undenkbar. Pira-
tinnen dienen nicht.
Kurz nachdem ich an der Grazer Schauspielschule abgewie-
sen worden war, spielte ich in einem feministischen Piratin-
nenfilm mit. »Das böse Boot« wurde im slowenischen Por-
torož gedreht. Ich fuhr mit dem Nachtzug von Wien nach

Triest. Die Fahrt kam mir endlos vor, es war wackelig, und mir wurde oft schlecht. An Schlaf war nicht zu denken, also trank ich Dosenbier im Abteil. In Triest erwartete mich am Morgen das Filmteam, in einem Bus ging es über die Grenze. Slowenien hatte kurz zuvor im Zehn-Tage-Krieg seine Unabhängigkeit erlangt. In der Adria sah ich Flugzeugträger, und bisweilen bildete ich mir ein, Geschützfeuer hinter den Bergen zu hören. Eine Liedzeile über Kriegsschiffe vor der mexikanischen Küste von den Go-Betweens spukte mir im Kopf herum. Die Szenerie hatte etwas Gespenstisches, trotz des Meeres und der Sonne, des blauen Himmels und der Küste.

Gedreht wurde hauptsächlich auf einer kleinen Segeljacht, die ein sehr freundlicher Skipper steuerte. Ihm waren die Dreharbeiten völlig egal. Er saß in Badehosen und Poloshirt am Ruder und rauchte selbst gedrehte Zigaretten. Meine einzige Szene spielte auf einem Schlauchboot. Ich werde auf dem Meer schnell seekrank, deshalb war ich froh, dass sie zügig abgedreht war. Ich sprach den für mich im Drehbuch vorgesehenen Satz bedächtig und artikuliert, offensichtlich hatte ich mich von meinem kurzzeitigen Traum, Schauspieler zu werden, innerlich noch nicht verabschiedet. »Das ist ein Ami«, sagte ich und deutete dabei auf einen der Laiendarsteller neben mir im Schlauchboot, der tatsächlich ein in Wien lebender Amerikaner war. »Der Ami« wurde, wie abzusehen war, im weiteren Verlauf der Handlung ermordet, die Bluttat als Schlag der Freibeuterinnen gegen den US-Imperialismus gewertet. An den genauen Tathergang kann ich mich nicht mehr erinnern.

Die meiste Zeit verbrachte ich ohnehin an Land. In einem

der Touristencafés auf der Strandpromenade trank ich oft schon am frühen Morgen. Bei den Tischgesprächen der Filmcrew konnte ich nicht mitreden, ich fühlte mich unsicher und deplatziert. Am liebsten wollte ich Musiker werden, sie hingegen waren angehende Künstler oder Akademiker und beherrschten den jeweiligen Jargon bereits perfekt. Sie kannten einander offensichtlich seit Jahren.

Ich war gerade erst mit dem Zivildienst fertig geworden. Eineinhalb Jahre auf der Altenpflegestation des Arbeiter-Samariter-Bundes. Urinkellnern in Haslach. Viele der Pfleger und Pflegerinnen kamen aus Ostdeutschland, ihr Sächsisch klang fremd in meinen Ohren, zumal im Schwarzwald. Die Schichten waren chronisch unterbesetzt, das Personal oft überlastet und psychisch deformiert. Die Intrigen und Denunziationen auf der Station waren schwerer zu ertragen als die an Demenz erkrankten Patienten. Ich mimte den punkigen Exzentriker, der mit bunten Perlenketten behängt in Springerstiefeln über die Gänge schlurft. In Wahrheit war ich ein behütet aufgewachsener Gymnasiast, der noch nie gearbeitet hatte, außer in den Ferien in der Pfefferminzfabrik, um Geld für eine Lederjacke zu verdienen. Das Futter für meine Träume erhielt ich aus Zeitschriften, die ich bäuchlings auf der Matratze liegend las: »Texte zur Kunst«. Ich hatte eine Ausgabe auf dem Flohmarkt entdeckt. Das kam mir wie ein Wunder vor. Hatte ein unbekannter Freund sie dort platziert? Ein geheimer Gleichgesinnter? Auf dem Cover das unscharfe Bild eines Mannes, der im strömenden Regen versucht, einen Satz mit Tinte auf ein Blatt Papier zu schreiben. Die Buchstaben verlaufen vor seinen Augen. Das Motiv berührte mich. Es stammte aus dem Film »La Pluie.

Projet pour un texte« von Marcel Broodthaers. Weiter hin-
ten las ich einen Aufsatz über Raymond Pettibon, dessen
Zeichnungen ich von den BLACK-FLAG-Alben kannte
und der Filme über die terroristische Untergrundorgani-
sation »Weathermen« und Charles Manson gedreht hatte.
Kim Gordon von Sonic Youth und Mike Watt von fIRE-
HOSE spielten darin mit. Die Informationen erregten mich.
Wo bloß konnte man diese Filme sehen?

Langsam wird es hell. Ich steige aus dem Bett und überlasse
den Äffchen das Zimmer. Ihre Nacht war lang. Sie wurden
gebraucht. Jetzt können sie ruhen.

QUANTITÄT

Wieder wach. Mit nichts als mir selbst im Bett. Ob's hier spukt? Geschenkt. Die Situation wird ungemütlich, den Mantel anziehen und los.

Ein gestrandetes Raumschiff leuchtet in meine Richtung. Sein Name ist aus der Ferne gut zu lesen:

Total.

Total.

Total.

Die Trampelpfade führen mich, ich könnte den Weg mit geschlossenen Augen finden. Zigaretten und Schokolade. Das sind nur zwei meiner vielen Gelüste. In dieser Nacht will ich mehr.

> »You never know what is enough unless you
> know what is more than enough.«
> *William Blake*

Was bisher geschah:

Ich war beim Festival »Umsonst und Draußen« auf einer Waldlichtung zusammengebrochen und im Morgendunst erwacht, von Schlingpflanzen umgeben. Kein Tourbus in Sicht. Ich hatte mir den Dreck von den Hosenbeinen geklopft, einem knutschenden Pärchen die Gummistiefel entwendet und mich auf den Heimweg gemacht.

Schon nach kürzester Zeit waren meine Socken über die Fersen unter die Fußsohlen gerutscht und hatten sich dort zu schmerzhaft drückenden Knäueln zusammengeballt. Alle paar Meter hielt ich an und zog die Säume wieder nach oben. Es war schwierig, dabei das Gleichgewicht zu halten und nicht in eine Wildschweinsuhle zu fallen.

Andererseits: Der ganze Wald stand mir offen, und das machte mich glücklich.

Das Licht, die Geräusche und Gerüche ließen mich an eine Wanderung denken, die ich als Teenager mit meiner Mutter unternommen hatte: Wir waren den Kanal Bisse de Tsittoret entlang über Almen und steile Abstiege im Grenzgebiet zwischen den Kantonen Bern und Wallis bis nach Leukerbad gewandert, wo uns mein Vater mit dem Auto abgeholt und wir eines der zahlreichen Bäder aufgesucht hatten. Die Erinnerung war verschwommen wie der Blick durch Dampf über Thermalwasser, doch in diesem Moment, mit einer Hand an einen Baumstamm gestützt, mit der anderen in einem Gummistiefel herumnestelnd, wünschte ich mich in das von Rentnern bevölkerte Schwimmbecken zurück.

Einige Monate später sollte ich in einem Essay von Teju Cole lesen, dass sich James Baldwin vor über fünfzig Jahren in Leukerbad aufgehalten hatte, um dort sein Romandebüt zu vollenden, was mir wie ein ungeheurer Zufall vorkam, denn alleine die Tatsache, dass mir an jenem Morgen im Wald unablässig das Wort »Leukerbad« im Kopf herumgespukt war, war absonderlich. Aber dass ein Schriftsteller aus New York in diesem zwischen Rinderhorn und Daubenhorn versteckten Ort abgestiegen sein sollte, und zwar nachweislich nicht als Ziel einer Wanderung mit seiner Mutter, überstieg meine Vorstellungskraft.

Doch weitergewandert. Die Autobahn zwischen den Bäumen wurde sichtbar. Ich betrat einen mit mickrigen Tannen bepflanzten Wildübergang und lief auf die andere Seite, denn die Raststätte Hirschberg, von der aus ich nach Berlin trampen wollte und deren Wappentier eine obszön schielende Skulptur aus Hartplastik war, lag in entgegengesetzter Richtung. Die Fahrbahn war an diesem Morgen schon voller Raser, und ich wollte unbedingt vermeiden, von einem plötzlich herannahenden Wagen erfasst zu werden. Tagtäglich begeben sich Tausende von Menschen in Lebensgefahr, nur um von A nach B und schließlich nach C zu gelangen.

Am Dienstag, den 31. Januar, um Viertel nach sieben, werde ich jäh aus dem Schlaf gerissen. Meine Nachbarn lassen sich, wie immer am Wochenbeginn, Getränkekisten anliefern. Das klingt zu dieser frühen Stunde, als würde ein schwer gepanzerter Cyborg das Altbautreppenhaus hinaufstapfen. Es würde mich nicht wundern, wenn in diesem Augenblick RoboCop in meinem Schlafzimmer auftauchte und Sprudelflaschen nach mir würfe.

Der genialisch-perverse Regisseur Paul Verhoeven hat die Leidensgeschichte des Polizisten Murphy und dessen schmerzhafte Maschinenwerdung im Stil der Ikonografie christlicher Märtyrer bebildert. Beim Betrachten der Szene, in der Murphy von den Schergen des Gangsterbosses Clarence Boddicker brutal erschossen wird, kommt einem unwillkürlich der von Pfeilen durchbohrte Heilige Sebastian in den Sinn, in der Darstellung von Guido Reni aus der Sammlung des Palazzo Rosso in Genua. Als ich mit vierzehn Jahren eine Abbildung des Meisterwerks in einem reißerischen Artikel über Paul Schraders gerade erschienenen Film »Mishima« sah, wühlte mich der Anblick derart auf, dass ich tagelang an nichts anderes mehr denken konnte und zuletzt im Badezimmer meiner Eltern die Posen eines Gemarterten einnahm. Ein Auge hatte ich in Verzückung himmelwärts gedreht, mit dem anderen versuchte ich angestrengt, mein Spiegelbild über dem Waschbecken zu erspähen. Dreißig Jahre später lese ich in »Geständnis einer Maske« von

Yukio Mishima über dessen von Renis Bild ausgelöste Masturbationsexzesse als Teenager im Japan der fünfziger Jahre und fühle mich dadurch auf das Bett im Gästezimmer des Jahres 1985 zurückversetzt, wo ich heimlich die von meinem Vater entwendete Ausgabe des »Spiegel« durchblätterte.

Diese und andere Gedanken sausen mir innerhalb von Sekunden durch den Kopf und sind zuletzt Anlass genug, aus dem Bett zu springen, einen Kaffee zusammenzuschütten, auf den Balkon zu treten und dort eine Zigarette zu rauchen. Über Nacht ist Schnee gefallen, die Dächer der Autos sind weiß, ebenso die Zweige der Bäume. Ein Krähenschwarm, oder sind es Dohlen, fliegt Richtung Alexanderplatz. Ich bin unruhig und beschließe, einen Waldspaziergang zu machen. Nur kurze Zeit später sitze ich im Auto und fahre durch die Morgenschatten der Prenzlauer Allee und schließlich auf die Autobahn. Um diese Zeit sind die Straßen Berlins noch leer, schon bald erreiche ich die Ausfahrt Mühlenbeck. Ich kenne den Weg, ich fahre ihn oft, er führt ins Briesetal. Dort liegt, wie allgemein bekannt sein dürfte, am Ende der Schleifen des Flüsschens Briese, der Einstieg in die Welt der Toten.

Nach der Autobahnabfahrt biege ich rechts ab und sehe die ersten Häuser der Siedlung Summt. Rechter Hand klafft eine Baugrube. Hier stand einmal das »A-10-Stübchen«, das mir jedes Mal auffiel, einerseits wegen des ungewöhnlich uneinladenden Namens, andererseits wegen einer Bratwurst in mehrfach gezacktem Stern, die auf das Dach montiert war.

Ich biege links ab in die kopfsteingepflasterte Straße, die zum Parkplatz Briesetal führt. Große Schneisen wurden in den Wald geschlagen. Die Wintersonne geht langsam auf, sie leuchtet in den Pfützen, doch die Bäume stehen noch schwarz gemalt am Straßenrand. Ich lasse das Fenster herunter und höre das elektrische Summen der Hochspannungsmasten, lenke das Auto über die Schlaglöcher. Mir ist, als führe diese selten befahrene Strecke direkt in eine dunkle Vergangenheit. Schau nach vorne, sage ich mir und blicke durch die Windschutzscheibe. Schau nach vorne.

Ich parke und stapfe durch Matsch zum Wasserlauf hinab. Die kalte Luft greift mir an den Kopf, und das Pochen in meinen Schläfen lässt langsam nach. Hinter dem Jägerzaun der »Waldschule Briesetal« lauert ein überdimensionierter Fliegenpilz.

Obgleich mein Ausflug bis jetzt höchstens eine Dreiviertelstunde gedauert haben kann, kommt er mir vor wie eine Reise um die halbe Welt. Auf dem abschüssigen Waldweg bin ich darum bemüht, nicht auf Wurzeln zu treten. Neben mir im moorigen Grund sehe ich Biberburgen. Mir ist, als hämmerten Spechte wie irr auf die Baumstämme ein. Unterstützt durch ihren Rhythmus, den Schlag meines Herzens und den vorsichtigen Tritt meiner Stiefel entsteht in meinem Kopf eine beständig um sich selbst kreisende Melodie.

Die Revolution
Wird am Ende den Tod
Abschaffen
Abschaffen
Abschaffen

Das Lied entstand, nachdem ich ein Gespräch zwischen Theodor W. Adorno und Ernst Bloch gelesen hatte, auf Anraten eines schon lange in Amsterdam lebenden Schulfreundes. Ich hatte ihn um eine Lektüreempfehlung gebeten, nachdem wir mit Tocotronic einer Einladung der Ludwigshafener Ernst-Bloch-Gesellschaft Folge geleistet und dort eines der groteskesten Konzerte unserer Laufbahn gespielt hatten. Uns standen etwa zweihundert Blochianer und Blochianerinnen gegenüber, zum großen Teil deutlich älter als wir, und wippten im Takt, während wir versuchten, in dem kleinen Saal einen Höllenlärm zu fabrizieren. Vor unserem Auftritt hielt Dietmar Dath einen Vortrag mit dem Titel »Bloch und Buffy«, wenn ich mich recht entsinne.

Wie in Trance laufe ich weiter den Fluss entlang. Nach etwa drei Kilometern bin ich am Ziel angelangt. Vor mir liegt der Eingang in die Unterwelt. Ich steige ins flache Eiswasser und wate die letzten Meter im Bett der Briese bis vor das Rohr, in dem sie von der Erdoberfläche verschwindet. Darüber hat ein vermutlich jugendlicher Schriftkünstler im Wissen um die besondere Bedeutung des Ortes das Wort »Ghost« auf den Beton gesprayt.

Gerade eine Flussbiegung weit war ich gekommen, dann endete meine Feldforschung abrupt. Tagelang hatte ich am Ufer meine Ausrüstung sortiert, Pfannen und Töpfe geputzt, den Kompass, das Fernglas und die Malariatabletten verstaut, das Kanu auf undichte Stellen hin untersucht und die Verpflegung, die aus Keksen, Schokoriegeln und Toastbrot bestand, zusammengesammelt. Gegen plötzlich auftretende Mandelentzündungen führte ich Antibiotika in großen Mengen mit. Die Schachteln stapelte ich sorgfältig und umwickelte sie mit Klebeband. Zusammen mit meiner Reisebibliothek legte ich sie vorsichtig in die antike Truhe, die ein Erbstück meines Großvaters war, das ich zuvor mühevoll auf das Kanu verladen hatte. Der Handapparat bestand aus einer Lutherbibel und einem Exemplar des Romans »Coma«.

Sie ahnen es vielleicht bereits, ich bin Ethnologe. Die längste Zeit schon hatte ich mir vorgenommen, die Wildnis, die jenseits der Himbeer- und Brombeersträucher wucherte, zu untersuchen. Jetzt endlich sollte der Plan in die Tat umgesetzt werden. Ich hatte die ganze Nacht nicht geschlafen. Nun, am Abreisetag, fühlte ich mich benommen und abgeschlagen. »Ich werde mich zusammenreißen müssen. Die Sache ist es wert«, murmelte ich vor mich hin. Ein letztes Mal tauchte ich den Kopf in das Chlorwasser des Planschbeckens, das sich auf dem unebenen Untergrund des Gartens bereits bedenklich zur Seite neigte. Dann rieb ich mir Arme,

Beine und Nacken mit NoBite ein und zerrte mein Kanu mitsamt der Truhe durch die Hecke in den Abwasserkanal, der hinter dem benachbarten Anwesen aus einem Betonrohr entsprang und sich von dort aus wie eine Anakonda durch die Obst- und Gemüseplantagen unseres Landkreises wand. Bald schon hatte sich das brackige Wasser zu einem Fluss verbreitert.

Ich bestimmte meine Position und befand: Von hier aus könnte ich die Wasserfälle locker in ein bis zwei Tagen erreichen. Ich war so glücklich wie lange nicht. Ich paddelte stromabwärts, wobei ich meine Bewegungen der sanften Dünung anglich. Ich hatte das Gefühl, zu schweben. Die Uferböschung war mit Löwenzahnpflanzen übersät, hier und da spross der Rhabarber. Dahinter blühten die Kartoffel- und Topinamburfelder. Die Knollenfrüchte wurden in der Region hauptsächlich zur Herstellung von Verdauungsschnäpsen angebaut. Lautlos glitt ich auf die Biegung zu, lenkte das Kanu in Richtung Flussmitte und hätte mich dort am liebsten nackt ausgezogen, um die Strahlen der untergehenden Sonne auf dem Rücken zu spüren. Andererseits bot mein Tropenhemd einen zuverlässigen Schutz vor den Moskitos. Singend fuhr ich unter der Schnellstraßenbrücke hindurch, von deren Pfeilern das Echo meiner Stimme hohl zurückgeworfen wurde. Über mir hörte ich noch das Dröhnen der Motoren, dann erreichte ich eine flache Bucht.

Nur noch spärlich drang das Dämmerlicht durch die weit über das Wasser hängenden Zweige. Mein Zeitempfinden musste während der Bootsfahrt völlig durcheinandergeraten sein. Am Ufer der Halbinsel konnte ich, als ich die Augen zusammenkniff, eine Fähe mit ihren Jungtieren erkennen.

Sie blickten dem Kanu nach und verschwanden schließlich in grünlichem Dunst. Ich stellte leicht beunruhigt fest, dass sich seit einiger Zeit ein dünner Schleimfilm auf dem Fluss gebildet hatte. Doch der Tag war lang gewesen, und bald schlief ich sorglos auf dem Holzboden des Kanus ein. Meine Träume waren ungewöhnlich lebhaft. Vielleicht waren es die Nebenwirkungen der Malariaprophylaxe.

Als ich erwachte, fand ich mich an den Handgelenken an einen Baumstamm gefesselt. Zudem war ich von drei Pfeilen durchbohrt. Zwei von ihnen hatten mich in der Hüfte, oberhalb des Bauchnabels erwischt, ein dritter steckte knapp unter dem Brustbein im Fleisch. Rechts und links konnte ich lange Reihen von Holzstangen ausmachen, auf deren oberen Enden Totenköpfe steckten. Kannibalen!

Ich ballte eine Faust und hoffte, so die Fesseln zu lockern. »Das wird dir kaum gelingen«, hörte ich Stimmen durch die Brennnesseln tönen. Mir wurde übel. In den Bohnenbüschen rauschte der Wind. »Die Fesseln sind Teil des Programms. Beschwer dich nicht. Das ist 'n Übergangsritus.«

Zwei braun gebrannte junge Bogenschützen traten vor. In den Händen hielten sie triumphierend meinen Kompass und mein Fernglas, über die nackten Schultern hatten sie Bogen und Köcher gehängt. Ein dritter Knabe in Badehosen zerrte umständlich das Kanu durchs Unterholz. Der Größere der Bogenschützen baute sich vor mir auf. Das dunkle Haar fiel ihm über die Schulter, seine blauen Augen strahlten in der Dunkelheit. Er verkündete mit feierlichem Ernst: »Wir sind die Bruderschaft des Bohnenfelds, und du befindest dich in unserer Gewalt. Wir werden jetzt einige Praktiken an dir vornehmen, doch bitte wehre dich nicht.

Wohl wirst du kleinere Verletzungen an Körperteilen erleiden, die dich ohnehin schon längere Zeit quälen. Aber der Schmerz wird nicht der Rede wert sein, angesichts der sich dir bietenden Einsichten. Und bedenke: Urian, der Bohnenfürst und Herr der Proteine, wacht über dich.«

Seltsamerweise fühlte ich mich vom Klang der Worte eher betört denn entsetzt. Die drei Bündner sprachen erneut, dieses Mal wie mit einer Stimme: »Trink! Dann wirst du mit geschlossenen Augen sehen können.« Sie reichten mir einen übel riechenden Trank in einer rostigen Tasse und hielten diese an meine Lippen. Ich nahm einen kräftigen Schluck. Reflexhaft verzog ich das Gesicht, doch in meinem Körper, insbesondere an den Stellen, in denen noch die Pfeile steckten, breitete sich sofort ein wohliges Gefühl aus.

»Der ganze Lauf der Welt wird an dir vorüberziehen. Blumen werden erblühen und verblühen, und du wirst das Geheul der Bestien vernehmen. Du wirst durch entfernte Galaxien reisen bis zu den Nebeln des Orion. Die Nacht wird endlos sein, aber wenn du erwachst, wirst du sein wie wir, tapfer und grausam.«

Brennende Sehnsucht durchfuhr mich, und ich sackte zusammen. Dann begann es zu regnen.

Ich bin wieder früh aufgewacht. Es ist erst Viertel nach sechs. Spätestens um acht werde ich mich fühlen, als hätte ich bereits einen ganzen Tag durchgestanden. Am Abend wird es ein ganzes Jahr sein. Ich fühle mich dumm an diesem Morgen. Einen Spaltbreit die Tür geöffnet. Blick ins Treppenhaus. Ich höre den Nachbarn und schließe die Tür wieder.

Es ist sechs Uhr fünfundzwanzig. Ich spreche mit mir, zunächst leise, mehr ein Murmeln. Dann immer lauter. Im Flur, auf dem Weg ins Badezimmer. Kann der Nachbar mich hören, so wie ich ihn? Ich leere den Wasserkocher, fülle neues Wasser hinein und schalte ihn an, setze Milch auf und fülle Instantkaffee in eine Tasse. Zwei Teelöffel. Dazu fünf Süßstofftabletten »Lightsüß«. Das Wasser brodelt, der Kocher piepst. Ich führe bereits Interviews mit imaginären Gesprächspartnern, erläutere meine Konzepte und Ideen, bin charmant und eloquent. Ich versteige mich in Thesen, die Milch kocht über. Jetzt werde ich sie im Blick behalten.

Mit dem Kaffee zurück ins Bett. Selbstgespräche. Aus dem Bett hinaus. Die Vorhänge beiseite, das Fenster auf. Nachts senkt sich schon der Nebel über die Stadt, am Morgen sind die Straßen durchnässt. Wieder zurück ins Bett. Selbstgespräche. Jetzt erregter, ich steigere mich rein.

Seit ich ein Kind war, rede ich mit mir selbst. Morgens, auf dem Weg zur Schule, in meiner Jeansjacke mit der aufgebügelten Kobra, vorbei am Strandbad des Baggersees. Viel später, bei nächtlichen Ausflügen mit dem Fahrrad, in meiner

Lederjacke, die ich mir von dem in den Ferien verdienten Geld kaufte. Der Job in der Pfefferminzfabrik. Nazi Punks Fuck Off.

Was bedeutet es, mit sich selbst zu reden? Nur für sich zu reden? Niemanden anzureden? Das Selbstgespräch als Anti-Gespräch. Als Fälschung, als Etikettenschwindel, als Manie. Es ist mein Laster. Die Stimme vibriert, wenn die Worte sich bilden. Ist das meine Art zu üben, so wie ein Musiker eigentlich üben sollte, ich es aber aus Faulheit nie getan habe? Die Gedanken breiten sich im Zimmer aus, als Wirrnis, sie klettern die Wände hoch. Am Abend kratze ich die Flechten von den Wänden.

Tonleitern, Intervalle, Kadenzen.

Ich rede mich. Ich errede mich. Ich überrede mich. Ich rede mich in Trance.

Selbstvergewisserungen, Formen, Kreise, Redundanzen.

Erregungen, Ekstasen und Tänze.

Je mehr ich rede, desto unwichtiger wird, was ich zu sagen habe.

Die Litanei des Morgens.

Die Mittagslitanei.

Die Litanei des Abends.

Tenebrae.

Eine Kerze nach der anderen erlischt.

Nacht.

Ganze Nächte habe ich auf dem Balkon verbracht, geraucht und geredet. Das ganze letzte Album habe ich mir nachts auf dem Balkon in Selbstgesprächen erarbeitet. Und das Album davor und das Album davor. Erredet. Nachtarbeit, da ist eigentlich ein Zuschlag fällig. Ganz irre wird man dabei, aufstehen, den Mantel, Socken, Schuhe ungeschnürt, auf den Balkon, rauchen, reden, rauchen, sich vergewissern, dass alles gut ist, wie es ist, das wird schon, Mantel aus, Schuhe aus, Socken aus, alles an seinen Platz, ins Bad, Hände waschen, gurgeln mit Listerine. Wieder zurück ins Bett. Mit dem Kopf auf dem Kissen. Die erdachten Lieder spuken im Kopf herum. Ein Labyrinth von Möglichkeiten. Kein Schlaf. Ein bisschen Panik, weil man ja schlafen muss. Das Herz schlägt laut, es schmerzt fast. Wieder hinaus auf den Balkon. Mit Mantel, Socken, Schuhe, Schal, rauchen, bis einem schlecht wird, dann ins Bad, Hände waschen, Listerine. Den Schwindel ausnutzen, vielleicht hilft er beim Einschlafen. Den Schlaf erschwindeln.

Wegen meines Silberblicks kann ich jederzeit meine Na-
senspitze sehen. Die Hinterseite meiner Ohren bleibt mir
jedoch verborgen. Dort kannst du mich berühren. Klapp
meine Ohrmuscheln um, zwischen Falten und Talg ist eine
Botschaft für dich versteckt: »Steig durch Pfützen hinab.
Steig hinab, bis vor die Augen des anderen.« So erscheinst
du dann im Raum.

SOMMER

Wir verbrachten diesen Sommer
Fast die ganze Zeit zusammen
Gemeinsam waren wir
Ein selbstzerstörerisches Unterfangen
Der Stadtrand, wo wir wohnten
War nur eine Illusion
Es gab die Sonne, den Himmel und unsere Aggression

Und dann
Fragtest du mich
Und ich sagte: »Ja«
Du wähltest mich
Obwohl ich schüchtern war

Tuborg und Skateboards
Nesseln am Straßenrand
Ein Tunnel aus Blättern
Unsere Eltern immer angespannt
Wir waren zwei Kinder
Mit nur einem Ziel: Wir widmeten uns
Der Überwindung des Schamgefühls

Und dann
Fragtest du mich
Und ich sagte: »Ja«
Ich gewann dich
Obwohl ich unsicher war

Als ich erwachte, war ich alleine. Vom Regen durchnässt, lag ich nackt am Ufer des Flusses. Meine Zunge war geschwollen, meine Beine von Mücken zerstochen. Man hatte mich im Morast jenseits des Treidelpfades zurückgelassen. Ohne Hoffnung, ohne Begehren, betrübt bis an den Tod. Teenage Jesus in Gethsemane.

Hier und da hörte man einen Frosch im fauligen Wasser, das zu schwarzer Tinte geworden war. Die Bungalows am Ufer glühten im Mondlicht wie Steine einer längst vergessenen Nekropole. An die Äste vereinzelter Bäume hatten geschäftige Hände Lampions gehängt, die im Wind aneinanderstießen. Der Gesang der Zwergohreule – ein Peilsender in der Dunkelheit. Teufel und Waldgeister picknickten am Wegesrand und betranken sich mit Löwenzahnwein. Alle Ordnung war außer Kraft gesetzt. Wie ein neues Leben beginnen?

Es kann gefährlich sein, die Orte der Erinnerung auf einer Karte zu fixieren. Entfaltet man diese, wird man sie nie wieder ordentlich zusammenlegen können. Mehr noch: Je knittriger und faltiger die Karte wird und je tiefer man in die Faltung eindringt, desto kleiner wird man selbst. Schließlich findet man sich mit einer ins Riesenhafte gewachsenen Umgebung konfrontiert, wie Mister C in »The incredible shrinking man«, den ich als Kind hinter der Sofakante kauernd sehen durfte.

Im Mai 2004 reisen wir mit Tocotronic durch Sibiren. In Jekaterinburg, am Fuß des Urals, der Schwelle zwischen Europa und Asien, besuchen wir ein tschechisches Restaurant und einen in die Jahre gekommenen Vergnügungspark am Stadtrand. Wir schlendern auf den Wegen zwischen verrosteten Fahrgeschäften und Buden umher. Die Luft ist warm, der sibirische Frühling kündigt sich mit Gewalt an. Einige Zeit verweilen wir fasziniert vor einem kleinen, mit Comicfiguren verzierten Karaokestand. Ich kann es mir nicht verkneifen, »Old Man« von Neil Young zu singen, was mir misslingt. Später führt uns unsere Reiseleiterin durch die Innenstadt. Einige Male deutet sie auf menschenleere betonierte Plätze:

»Hier stand die barocke Peter-und-Paul-Kirche. Gesprengt.«

»Hier stand die Kirche des heiligen Slatoust. Gesprengt«, sagt sie und zuckt die Schultern.

»Hier stand ... Gesprengt.«

Ich war mit einer alten Freundin aus Wien in einem israe-
lischen Restaurant zum Abendessen verabredet. Sie brachte
mir eine Kopie des Buches »Varda par Agnès« mit, eine
Enzyklopädie, die die Filmemacherin über sich selbst ver-
fasst hat und die nur auf Französisch und in kleiner Auflage
erschienen ist.

Ich war über den Stapel Kopien in bläulicher Klarsichthülle,
den mir meine Freundin vorsichtig zwischen den mit Hum-
mus, geräucherten Auberginen und Essiggurken gefüllten
Schalen hindurchgeschoben hatte, derart beglückt, als han-
delte es sich dabei um eine heilige Schrift, und führte diese
in den folgenden Wochen auf meinen kopflosen Zickzack-
routen durch Deutschland und das angrenzende Europa
jederzeit griffbereit bei mir, um bei Bedarf ein bequemes
Stück darin zu lesen, wie es heißt.

Ich stellte mir an jenem Abend meine Freundin vor, wie sie
Seite für Seite auf die Glasfläche des Kopiergeräts gelegt
und die Blätter danach sorgfältig gestapelt hatte. Copy-
shops waren eigentlich eine gute Geschäftsidee für Faul-
pelze gewesen, überlegte ich, zumindest bevor die Mieten
in den einschlägigen Vierteln unablässig stiegen, und vor
der Digitalisierung, ähnlich wie Internetcafés oder Platten-
läden. Man saß hinter einem Tresen, bewachte eine Herde
Kopiergeräte, die leise vor sich hinsurrten, und konnte in
Ruhe seinen Gedanken nachhängen. Kunden wurden eher
als lästig empfunden. »Hubert Fichte hat als Schäfer in der

Provence angefangen, Hunderte junger Künstlerinnen und Künstler meiner Generation hüteten zu Beginn ihrer Karrieren Kopierer und Laserdrucker«, sagte ich zu meiner österreichischen Freundin und reichte ihr ein Fladenbrot über den Tisch. Sie lächelte.

Unter L wie »Larmes«, Tränen, schreibt Agnès Varda: »J'aime pleurer au cinéma. Un film triste est une belle occasion de pleurer sans s'occuper du reste ni de sa propre vie.« Ich war zu dieser Zeit oft aufgewühlt und ging selbst für meine Verhältnisse ungewöhnlich häufig ins Kino, wo ich fast jedes Mal im dunklen Saal völlig unvermittelt zu weinen begann. Nun aber wusste ich, dass diese Tränen nichts mit meinem eigenen Leben zu tun hatten.

Um die Mittagszeit, wenn die Schatten kürzer werden und die Luft stillzustehen scheint, ist der Platz der Vereinten Nationen in Berlin ein Gegenraum zu den real existierenden Orten dieser Welt. Nähert man sich ihm zufällig von Norden her, spürt man, wie nach und nach jegliche Aura schwindet und sich die Atmosphäre zum Nullpunkt verdichtet. Die Träume versiegen, zuletzt neutralisiert sich das Denken. Ich sitze auf der Terrasse der Sofia Bar und trinke ein Glas warme Coca-Cola. Starrsinnig blicke ich auf den Steinkreis im Zentrum des Platzes.

Neuere Untersuchungen haben ergeben, dass an diesem Ort seit dem Ende der letzten Eiszeit eine Schmelzwasserrinne verläuft. Die Erbauer des Steinkreises hatten erkannt, dass die Rinne genau in Richtung der Wintersonnenwende führte. Demnach wären um diesen Kreuzungspunkt die ganze Welt und der Lauf der Planeten angeordnet. Man glaubt sich am langweiligsten Ort der Erde, doch in Wirklichkeit ist man im Mittelpunkt des Universums angelangt. Bald werden die Sonnenstrahlen einen Korridor zwischen den Plattenbauten und dem Netto-Markt formen und direkt in mein Gesicht strahlen.

1997 springe ich im Suff vom Tresen.

Ich schlage mit dem Kopf auf den Steinfußboden. Ich
zerschneide mir das Gesicht, liege in meinem Blut, bin
ohnmächtig.

Ich springe.

Ich springe.

Ich springe.

Ich springe.

Ich springe vom Tresen im Tanzcafé.

Ich springe vom Tresen in »Heinz Karmers Tanzcafé« in
der Budapester Straße.

Ich springe vom Tresen im Tanzcafé in der Budapester
Straße neben der Baugrube gegenüber dem Schwimm-
bad.

Die letzten Tage der neunziger Jahre.

Stagediving.

Auf den Kühlschrank, auf die Bar.

Und hinunter.

Bald wird hier sowieso alles kurz und klein geschlagen.

Es ist der Verzerrer, der mich dazu bringt. »Song 2« von
Blur.

Pubertät in der Rockmusik.

Endlosschleife.

Bernd wird mich auffangen!

Bitte fang mich auf, Bernd!

Es ist mein Ehrgeiz, der mich von innen zerfrisst.
Es ist mein Ehrgeiz, der mich dazu bringt, mich vor euch
    zum Affen zu machen. Mich für euch zu verletzen.
Bitte akzeptiert mich,
bitte beschützt mich.
Ich bin jetzt reich und berühmt,
bitte habt mich trotzdem lieb.
Für mich muss es immer noch mehr sein.
Auf der Schulter sitzen die Dämonen.
Im Nacken die bösen Geister.
An der Bar schwanke ich, mit Schiss in der Hose.

Wohooo!
Dreißig Mal hintereinander.
Spring!

Verzerrer.

Noch einmal hinauf auf den Tresen. Noch einmal getrom-
    melt und gepfiffen.

Hosianna.
Noch einmal Luftgitarre gespielt.
Noch einmal mitgegrölt.
Und hopp!
Doch Bernd schaut weg.
Er schaut auf den Boden.

Er wendet sich ab.
Er zündet sich eine Zigarette an.

Er ist unaufmerksam.
Ich fliege.
Ich falle.
Ich knalle der Länge nach hin.

So liege ich dann.
Gekrümmt auf dem Steinfußboden mit blutigem Kopf.
Ich spüre nichts mehr.

Jutta weint wie ein Kind.
Sie nimmt mich in den Arm, sie schüttelt mich.
Bedeckt mich.
Sternenkind, bitte weine nicht.
Ich bin doch nur halbtot.
Half-Life.
Half-Dead.
Ich bin schon in Walhalla.

Jutta schleppt mich über den Pferdemarkt.
Ich bin jetzt ein anderer.
Transformation durch Kopfnuss.
Jutta zerrt mich über die Stresemannstraße.
Jetzt bin ich viele.
Aufspaltung durch Aufprall.
Jutta schiebt mich in die Notaufnahme.
Abtasten. Röntgen. Gehirnerschütterung. Ist Ihnen
    schlecht?
Und wie!

Jutta schleppt mich nach Hause.
Jutta steckt mich ins Bett.
Jutta deckt mich zu.
O. K.

Im Jahr 1996 entdecken Jutta und ich den Ort, an dem die Stofftiere wachsen. Er liegt mitten in Budapest, in einem Hinterhof, den man von der Ringstraße, dem sogenannten körút, erreichen kann. Ein Plexiglaskasten mit vergilbten Fotografien weist auf ihn hin, ein Pfeil zeigt nach rechts in den Hof, die meisten Menschen gehen achtlos daran vorüber. Entschließt man sich jedoch einzutreten, führt der Weg durch eine Passage zu einer Galerie, die sich unserem Blick nur widerwillig preisgibt. Eine ganze Welt aus Plüsch ist in ihr eingeschlossen.

Jutta und ich wagen uns durch die unscheinbare Tür in ein spärlich beleuchtetes Revier. In den wandhohen Regalen, von der Decke hängend, auf dem Boden liegend, als Ornament und Wucherung sehen wir Kängurus, Bären, Hasen, Meeresbewohner. Stofftiere in allen Farben, Formen und Größen. Eine bizarre Ordnung der Arten, ein ungewohntes Zusammentreffen, eine verrückte Zoologie. Inmitten der bunten Berge sitzen zwei alte Damen an ihren Nähmaschinen und grüßen uns beiläufig. Der Laden sieht nicht so aus, als würden sich viele Besucher hierher verirren, nicht so, als würden die geduldigen Stofftiere regelmäßig ein neues Zuhause finden, bei einem Kind etwa, das aufgeregt durch den Parcours tapst, hingerissen von der schieren Masse der stummen Geschöpfe und von jenen hingebungsvoll fixiert. Vielmehr scheint es, als ob die zwei Damen stoisch weiter produzierten, bis sie vollends eingeschlossen wären in einem

Kokon aus Polyacryl. Erst nach Stunden können wir uns befreien. Es dämmert bereits, als wir aus dem verwunschenen Laden auf den körút treten. Auf der anderen Straßenseite blinkt eine Dunkin'-Donuts-Filiale. Jutta trägt ein Walross im Arm.

Zu dieser Zeit besuche ich Jutta oft in Budapest. Ich habe entsetzliche Flugangst und kaufe mir am Hamburger Flughafen einen druckfrischen »New Musical Express«, die wöchentliche Berichterstattung über die britische Pop-Royalty. Der Streit zwischen Blur und Oasis erreicht gerade seinen Höhepunkt. Geflissentlich lese ich noch den uninteressantesten Artikel, nur um mich abzulenken. Bei jedem Luftloch kralle ich mich fester in das billige Zeitungspapier. Zwischendurch wische ich mir den Angstschweiß von der Stirn. Als mich Jutta am Budapester Flughafen in Empfang nimmt, bekommt sie einen Lachanfall. Mein Gesicht ist großflächig mit Druckerschwärze beschmiert.

Budapest gefällt mir. Es erinnert mich an meine Zeit in Wien fünf Jahre zuvor. Etwas scheint mich in den Osten zu ziehen. Acht Jahre später werde ich mit Herzklopfen durch Neubausiedlungen in Warschau, Vilnius, Jekaterinburg oder Nowosibirsk laufen, unter Betonpfeilern und auf Parkplätzen stehen und mit der Straßenbahn bis zur Endstation fahren. Ins Industriegebiet, zu einer Milchbar im Schneeregen. Keine Exotik – nur eine minimale Verrückung. Höhere Bordsteinkanten, ein hellerer Straßenbelag, Kreuzungen, Treppen, Unterführungen und Schrifttafeln. Akzente. Lediglich kleine Veränderungen zwischen mir und den Dingen sind es, die einen bleibenden Eindruck hinterlassen.

Jutta bewohnt ein mit Filmutensilien vollgestelltes Zimmer

in der Hársfa utca. Eine Matratze, ein Schrank, ein Schreibtisch. Folien, Filter, Styroporplatten, Stative. Im Hof streunen Katzen zwischen den Blumentöpfen umher. Der Lärm der großen Straße dringt nicht bis zu ihnen.

Ich war seit meiner Kindheit immer dünn wie ein Strich, auf dem Cover des ersten Tocotronic-Albums wirke ich fast anorektisch in meinem engen schwarzen KISS-T-Shirt. In Budapest habe ich jedoch plötzlich großen Appetit und verschlinge in den rustikalen Restaurants riesige Portionen gebackenen Käse mit Bratkartoffeln, Reis und Tatarsoße. Zur Verdauung der schweren Speisen spazieren Jutta und ich durch die Stadt, in der sie Film studiert hat und seit fünf Jahren lebt. Bis zu zweimal täglich gehen wir in eines der unzähligen alten Kinos. Im »Toldi Mozi« oder im »Müvész« laufen englische und amerikanische Filme in Originalversion, der Kinobesuch kostet fast nichts. Ich fiebere »Starship Troopers« von Paul Verhoeven entgegen, tatsächlich hat der Film in Ungarn einen früheren Kinostart als in Deutschland. In der Nachmittagsvorstellung treffen wir Pohárnok Iván, einen von Juttas ehemaligen Kommilitonen. Er hat sich im Studium auf Masken und Monster spezialisiert und für Juttas Diplomfilm »Joe Cockroach and I« mehrere ferngesteuerte Kakerlaken gebaut. Heute arbeitet er in Hollywood. Natürlich interessiert auch er sich für die außerirdischen Rieseninsekten, die im erbitterten Kampf gegen die terrafaschistischen Kolonisatoren in den galaktischen Krieg ziehen.

Ich hatte Jutta ein paar Monate zuvor beim Videodreh für unser Album »Wir kommen um uns zu beschweren« kennengelernt. Sie und der Regisseur Palátsik Péter begleiteten uns auf einer kleinen Tour nach Nijmegen, Groningen und Amsterdam, bei der wir das Material des neuen Albums live erprobten, vor einem für uns unbekannten Publikum. Holländern. Jutta und Péter filmten uns auf der Bühne oder Backstage, während des Soundchecks oder im Tourbus. Von Goliath, einem alten Hafenstraßenfreund von Jan und Arne, der eine Art alternative Autovermietung für Punks betrieb, hatten wir uns einen Wagen geliehen. Wir fuhren gemeinsam mit dem kleinen Filmteam in dem Fiat Ducato, dessen Heizung nicht funktionierte, durch das flache, schneebedeckte Land. Später würde das so entstandene Material mit Studioaufnahmen, die wir aus Kostengründen in Budapest drehten, zusammengeschnitten.

Alexander war zu dieser Zeit schon auf einer Odyssee von Krankenhaus zu Krankenhaus, von Offenburg nach Freiburg nach Köln und zurück. Immer wieder gab es kleine Hoffnungsschimmer, Gerüchte, dass sich ein Arzt gefunden habe, ein Spezialist, der das Risiko einer Operation auf sich nehme, der ein besonderes Verfahren in der Bekämpfung bösartiger Tumore entwickelt habe. Von unterwegs versuchte ich meine Eltern und gemeinsame Freunde anzurufen, um Neuigkeiten über Alexanders Gesundheitszustand zu erfahren. Unser Manager Carol besaß bereits ein Mobiltelefon, teils um sich wichtig zu machen, teils weil er Technikfanatiker ist. Sein neues Spielzeug war ein riesiger Quader mit einer Antenne, die man vor der Benutzung mühsam ausziehen musste. Es ähnelte eher einem Funkgerät oder einem von Isa Genzkens Beton-Weltempfängern als einem herkömmlichen Telefon. Der Akku war innerhalb von Minuten leer, und die Verbindungen kosteten ein Ver-

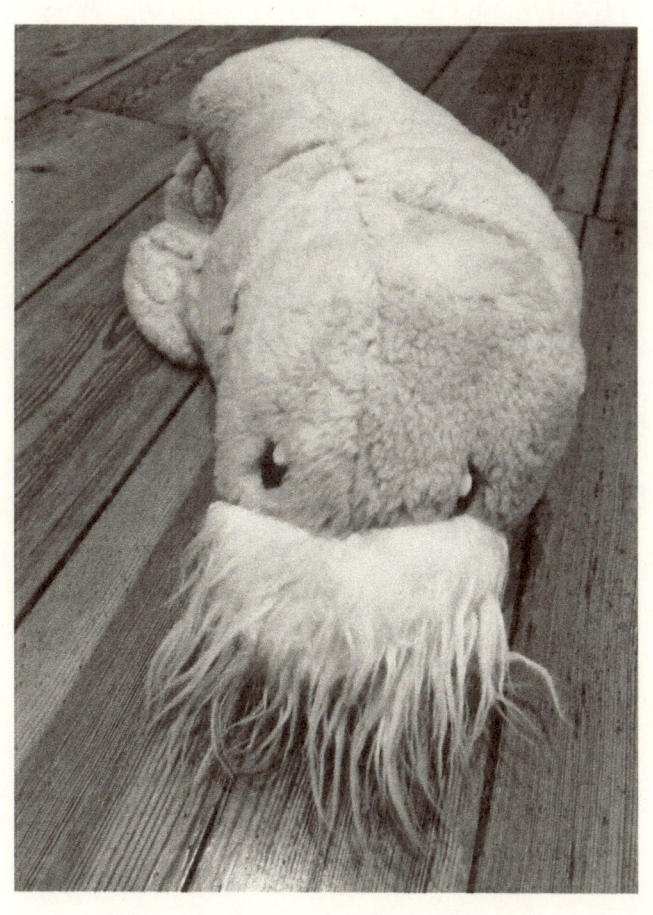

mögen. Dennoch überließ mir Carol bereitwillig das Gerät, mit dem ich wie besessen herumtelefonierte, um schlechten Nachrichten zuvorzukommen und nicht länger in nervenzermürbender Passivität zu verweilen. Obwohl sich Carol, Jan und Arne geradezu rührend um mich kümmerten, ihre Anteilnahme und ihr Humor mich von Stadt zu Stadt und von Club zu Club trugen, war ich krank vor Sorge. Nur wenn Jutta mich mit ihrer Kamera auf der Bühne, beim Fahren oder Betanken des schrottreifen Ducato filmte, verspürte ich eine merkwürdige Ausgeglichenheit. Die schöne, fast kindliche Stimme, die mir sanfte Anweisungen erteilte, beruhigte mich. Obwohl ich mich grundsätzlich nicht gerne fotografieren lasse, hatte ich das Bedürfnis, von ihr gesehen, von ihren Augen wahrgenommen zu werden. Ich glaube, der schwarze Kasten in ihrer Hand kann mich und meine Ängste bannen. Natürlich verliebte ich mich auch in sie.

WEIHNACHTSABEND

Am Weihnachtsabend, als ich früh im Bett des Gästezimmers meiner Eltern liege, flattert ein Fasan auf den Buchsbaum vor dem Fenster. Den Tag hat er in den angrenzenden Obstplantagen verbracht, jetzt sucht er einen Schlafplatz. Mit seinem Schnabel klopft er an die halb heruntergelassene Jalousie. Von dem Geräusch schrecke ich hoch.
Er sitzt mir gegenüber auf einem Ast und guckt ins Zimmer. Ich knipse die Nachttischlampe an, stehe auf und trete vorsichtig näher. Wir blicken uns an. Das warme Licht spiegelt sich in der Scheibe.

In Bremen gab es zwei stadtbekannte Cousins, die als Le-
bensmittelchemiker arbeiteten. Zu vorgerückter Stunde er-
zählten die beiden, die aus dem norddeutschen Niemands-
land stammten, gerne davon, wie sie und ihre Freunde als
Teenager in den großen Ferien im Heidepark Soltau als Maskottchen gearbeitet hätten. Sie seien vor Ort in die massigen
Wumbo-Kostüme geschlüpft und hätten derart maskiert für

ein Taschengeld die Besucher und deren Kinder bespaßt. Meistens seien sie bei der Arbeit betrunken oder auf LSD gewesen, wie der Jüngere der beiden Cousins glaubhaft versicherte, was aber niemandem aufgefallen sei, da man größere Mengen Alkohol umstandslos in den Ausbuchtungen des Wumbo-Kostüms habe verstauen können und ein tapsiges Auftreten als Maskottchen geradezu erwünscht gewesen sei.

Mit der Zeit seien sie und ihre Freunde jedoch immer übermütiger geworden und hätten damit begonnen, nichtsahnende Familien zu erschrecken oder durch den Park zu jagen. Teilweise seien sie auch in Maskottchenmontur in die Fahrgeschäfte gestiegen, vor den verdutzten Augen des Personals, das zuletzt aber angenommen haben musste, es habe durchaus seine Richtigkeit, dass der Heidepark-Bär mit der Achterbahn fuhr. Natürlich, so der jüngere Cousin, vertrug sich die schnelle Berg- und Talfahrt nicht mit dem Bier und den Drogen, weshalb man später reihenweise Wumbos gesehen habe, die sich in Mülleimer übergaben, sodass die Sache schließlich aufgeflogen sei.

Es ist vielleicht nicht allgemein bekannt, doch mir scheint, an der fränkisch-thüringischen Grenze wohnt Neil Youngs unehelicher Sohn Xaver, abgewandt von der Welt. In einer Hütte am Waldrand unweit der Raststätte Hirschberg, die ich in der Vergangenheit oft aufgesucht habe, teils weil man dort eine vergleichsweise zufriedenstellende Mahlzeit einnehmen kann, teils weil das Wappentier des Rasthofes – ein ins Monströse übersteigerter, debil grinsender Plastikhirsch, dessen Stummelschwanz wie eine Kackwurst aussieht und der es mit den perversesten skulpturalen Schöpfungen von Paul McCarthy aufnehmen kann – mich gleichermaßen fasziniert und abstößt. Die wenigsten wissen von Xaver Youngs Existenz. Gerüchtehalber wurde er während eines Aufenthalts des Meisters bei der Nürnberger Spielwarenmesse gezeugt und seinem Schicksal überlassen. Wenn Sie also, angewidert vom Anblick der eklen Hirschskulptur, den Feldweg in Richtung Waldrand einschlagen, um etwas frische Luft zu schnappen, und von ferne glauben, die Melodie von »Cortez the Killer« durch das Dickicht dringen zu hören, dann erliegen Sie keiner Sinnestäuschung. Es ist Xaver, der einsam vor seiner Hütte die Mollakkorde anschlägt.

Jahrelang schon will ich ein Musical über Yves Saint Laurent schreiben, allein, es ist mir bis dato nicht geglückt. Wenn ich im Halbschlaf auf dem Bett liege und aus dem Fenster in den Innenhof blicke, sehe ich die Neonlichter auf dem Broadway vor mir, die unablässig ein Wort in die Nacht blinken: Yves. Deutlich habe ich das Plakatmotiv vor Augen, basierend auf Richard Avedons ikonenhafter Fotografie: der junge Saint Laurent im Halbprofil, die Hand schamhaft vor das hübsche Gesicht gehalten. Darüber, in geschwungener Schrift: »Yves – Das Musical«.

Yves. Der Schüchterne, der gleichsam einschüchtert. Mehr noch, er ist, wie Marguerite Duras in einem ihrer Essays behauptet, »einschüchternder als alle anderen«. Und er ist zweifellos »derjenige, der am meisten erschrickt«. Zwischen Stille und Lärm müsste auch die Musik des Musicals changieren. Yves Saint Laurents Vorliebe für die Zurückgezogenheit, sein Faible für die Proust'sche Kontemplation, das nahezu Mönchische seiner späten Existenz, kurz, die Stille und die Gnadenlosigkeit würden von Kompositionen wiedergegeben werden, die sich an Zerbrechlichkeit und Fragilität überträfen. Auf der anderen Seite müsste die zu schreibende Musik den Lärm wiedergeben, die Hektik und Hysterie der Defilees und Partys im Paris der sechziger und siebziger Jahre. Die wummernden Bässe der Discokultur und das dumpfe Dröhnen der Depression, die Saint Laurent bis zu seinem Tod gequält hat.

Ich stelle mir vor, dass es einfach wäre, ein Libretto zu schreiben. Yves' Kindheit und Jugend in Oran und sein frühes Außenseitertum ließen sich vor farbenprächtiger Kulisse in einem von Matisse beeinflussten Kolorit darstellen. Eine Schlüsselszene könnte Yves' frühe Neigung zeigen, vor seinen Eltern und älteren Geschwistern private Modenschauen mit Puppen zu inszenieren.

Ein Zeitsprung würde das Publikum in das Paris der Nachkriegszeit versetzen, in das Jahr 1958, in dem Yves Saint Laurent nach Christian Diors Tod zu dessen Nachfolger ernannt wird. Der »Kronprinz« ist zu diesem Zeitpunkt gerade einundzwanzig Jahre alt und stellt seine erste Kollektion vor, die Trapez-Linie. Er wird über Nacht berühmt. An jenem Tag, dem 30. Januar, trifft er Pierre Bergé. Diese Begegnung müsste von der sentimentalsten Melodie des Musicals repräsentiert werden, der Yves'schen »Schicksalsmelodie«, denn von nun an wird Pierre Bergé nicht mehr aus seinem Leben weichen. Yves Saint Laurent und Pierre Bergé, diese zwei Könige, erschaffen aus tausend Einzelheiten eine Welt, ein Imperium der Stoffe, Düfte, Kulissen. Ein Gewimmel, hysterisch und unerbittlich, erbaut aus drei Buchstaben. YSL

Flankiert wird das Paar von flamboyanten Nebenfiguren, allen voran Yves' Musen Betty Catroux und Loulou de la Falaise, die gemeinsam mit Catherine Deneuve und Karl Lagerfeld einen Reigen bilden. Exzesse, wie sie im Paris der siebziger Jahre an der Tagesordnung waren, könnten den Hintergrund für die großen Tanzensembles des Musicals darstellen. Eine phantasmatische Sicht auf Frankreich und die Welt der Mode. Wir würden Yves' große Kollektionen noch einmal erleben und damit auch den wachsenden Einfluss der Kunst auf sein Werk: die Mondrian-Linie, die Pop-Art-Kleider, Velásquez und nicht zuletzt Picasso, dessen Platz als kulturelle Instanz der Grande Nation er in diesen Jahren einnimmt. Die Mode hat die Kunst entthront.

Aufstieg und Fall: Im Verlauf des Musicals würden wir Yves, der ja bekanntlich von sich behauptete, schon mit einem Nervenzusammenbruch zur Welt gekommen zu sein, bei seinem Abstieg in die Hölle der Sucht und Depression begleiten. Gequält von seinem eigenen Genius, ausgelaugt von den wiederkehrenden Kollektionen, nur noch aufrechterhalten durch immer häufigere Rückzüge in seine schlossähnlichen Behausungen, stets pendelnd zwischen Paris und seinem Traum vom Orient, ist Yves Saint Laurent bald nur noch ein Schatten seiner selbst. Wir würden mitverfolgen, wie seine Abschiedskollektion in der Avenue Marceau seine treuen Begleiter und Mitarbeiterinnen zu Tränen rührt. Standing Ovations. Der letzte Vorhang. Am Ende des Musicals würden wir nur noch einen einzigen Mann auf der Bühne sehen. Eine schwarze Silhouette mit Brille, die selbstvergessen mit einer französischen Bulldogge spielt. Zuletzt, in verblassender Schrift, das größenwahnsinnige Credo des Abends:

Yves Saint Laurent – c'est moi.

Als du dreizehn Jahre alt wurdest, kam dir die Zeit abhanden. Aber nicht in dem Sinne, wie es den meisten Menschen ergeht und worüber sie klagen und trauern. Dass die Zeit rase, dass sie verfliege, dass sie von ihr gejagt würden.
Im Gegenteil.
Du hattest seit diesem Tage immer und regelmäßig zu viel Zeit. Oft hörtest du, wenn du den Menschen davon erzähltest, das sei doch erstrebenswert. Geradezu paradiesisch.
Manch einer wollte es nicht glauben.
Wie konnte das sein?
War es ein Fluch, wie im Märchen?
War es ein Segen?
Zu viel Zeit?
Gebe es das überhaupt?
Nichts wussten sie!

Wie es dir früher, vor dem Abhandenkommen der Zeit, ergangen war, wollte ich einmal von dir wissen, doch daran konntest du dich nur noch vage erinnern.
Natürlich kanntest du Langeweile. Aber das war etwas ganz anderes gewesen.
Du kanntest die Langeweile, wie Kinder sie kennen, wie alle Kinder sie kennen.
Du hattest mit großen Augen in den Abgrund geblickt, und der Abgrund hatte zurückgezwinkert, so erzähltest du mir.

Daraufhin wurdest du zornig.

Du hast deinen Actionfiguren die Köpfe abgebissen, weil du nicht mehr wusstest, was du noch mit ihnen spielen solltest.

Du wolltest zerstören, um zu existieren.

Dann wurdest du grausam.

Du hast Regenwürmer im Garten zerschnitten oder Ameisen in den Betonritzen vor der Garage mit Uhu verklebt und angezündet.

Dann hat das schlechte Gewissen an dir genagt, denn vielleicht hatte Gott alles gesehen.

Idle hands are the devil's playthings.

An den warmen und den grauen Tagen. An den Samstagnachmittagen.

In den großen Ferien. Allein vor dem Fernseher. Captain Future.

Und danach die Leere.

Aber dann, nachdem du, wie gesagt wird, ein Mann geworden warst, obwohl du gar keiner werden wolltest, war die Kinderlangeweile verschwunden, und dir wurde auf einmal klar: Deine Zeit lief langsamer als die der übrigen Menschen.

Daran gab es keinen Zweifel.

Wann immer du auf die Uhr sahst, früher schmiegte sie sich um dein Handgelenk (ein Konfirmationsgeschenk), später blinkte sie auf dem Display deines Handys, und dir sicher warst, es seien seit dem letzten Blick bereits mehrere Stunden vergangen, hatte sich die Zeit nur um wenige Minuten fortbewegt.

Deine Tage waren zerdehnt.

Sie zogen sich wie Spinnweben, wie Kaugummi, wie geschmolzener Käse. Schon in den ersten Minuten konntest du ganze Wanderungen zurückgelegt, Wettersteine und Aussichtspunkte bestiegen haben. Du konntest in Laub- und Mischwäldern, auf Straßen und in Unterführungen, auf Wegen und verlassenen Pfaden gesehen worden sein.

Du warst überall.

Dabei strahlte eine ewige Sonne in dir, hell und unbarmherzig wie die Neonlichter auf den Boulevards und in den Arkaden. Du triebst dich herum.

Du konntest unermüdlich Leitern hinauf- und hinabkraxeln wie Donkey Kong im Videospiel, du konntest Schiffspassagen buchen, Flüsse überqueren und über Steppen rennen wie ein einsamer Revolverheld, der einem flüchtigen Schatten hinterherjagt.

Und wenn du das Gefühl hattest, bereits zahlreiche Kämpfe und Duelle ausgefochten zu haben, zumeist mit dir selbst, wenn der Feierabend nahte, dann war es gerade erst Mittag.

High noon

Aber so lang deine Tage auch waren – der längste war übrigens ein Montag im Frühherbst des Jahres 2004, den du in Bad Herrenalb, einer Kurstadt im Schwarzwald, die für dich, wie du mir gegenüber einmal scherzhaft erwähntest, zu einem »Bad Herrenalbtraum« geworden war, verbrachtest, er dauerte über fünfzig Stunden – so lang deine Tage auch waren, deine Nächte waren endlos.

Some are born to endless night.

Was William Blake in den »Auguries of Innocence« bildhaft gemeint hatte, wurde für dich zur elenden Gewissheit und wiederkehrenden Erfahrung.

Nächte aus Schwermetall
Nächte aus Granit
Nächte aus Schwamm
Nächte aus Nikotin
Nächte auf dem Balkon
Nächte vor dem Kühlschrank
Nächte im Badezimmer
Nächte ohne Morgen

»Wie kann ich dieser Grausamkeit entgehen?«, fragtest du dich.
»Wie kann ich ihr beherzt begegnen?«
Keine Antwort.

No exit

Doch dann geschah etwas, das du nicht für möglich gehalten hättest. Als du in Verzweiflung lagst, in der sechsunddreißigsten Stunde der Nacht, und kein Trost und kein Schlaf und keine Gnade sich einstellen mochten, begegnete dir ein furchtloser Meister der Zeit.
»Den ficht nichts an«, dachtest du, als er entschlossen und zwanglos in dein Schlafzimmer trat und sich mit einem Ruck neben dich auf die Bettkante setzte. Du winkeltest

die Beine an, machtest neben dir Platz und erkanntest ihn, und er erkannte dich. Es war ein Freund, vor langer Zeit verstorben.

Er kam gleich zur Sache:

»Schreib alles auf«, sagte er und blickte dich aus wilden Augen an. Und noch einmal, etwas leiser: »Schreib alles auf.«

Bald flüsterte der vertraute Besucher nur noch, denn du warst endlich in süßen Schlaf gefallen. »Dann wirst du lernen, die Zeit zu überlisten. Das ist das ganze Geheimnis. Das ist das einzige Gesetz.« Sprach's, stürzte sich mit einem Purzelbaum aus dem Schlafzimmerfenster und verschwand im Hof unter dem Gestrüpp hinter den Fahrradständern.

1. Auflage 2023

© 2019, 2023, Verlag Kiepenheuer & Witsch, Köln
Alle Rechte vorbehalten
Covergestaltung Yvonne Quirmbach
Gesetzt aus der Garamond Premier Pro
Satz Dörlemann Satz, Lemförde
Druck und Bindung GGP Media GmbH, Pößneck

ISBN 978-3-462-00034-4

»Ich möchte von diesem traurigen
Jahr erzählen, als wäre es die schönste
Zeit meines Lebens gewesen.«

Musiker*innen treten nicht mehr auf, Alben werden verschoben, Galerien, Kinos und Museen geschlossen, die Menschen
sind auf die eigenen vier Wände und sich selbst zurückgeworfen. Dirk von Lowtzow inspiziert die Kunst- und Kulturszene
im Stillstand, ein Leben ohne Publikum. Er flüchtet sich aufs
Land, streunt über Wiesen, folgt dem Zufall und findet Wahr-
haftiges. Er kartiert Wünsche, kämpft gegen Dämonen und
sucht Trost in Kunst, Literatur, Filmen. Dirk von Lowtzow
nimmt uns mit in eine Welt, die auch die unsrige ist – und
doch eine andere.

Kiepenheuer & Witsch